GOLDMANN
ESOTERIK

D1998447

Buch

In jahrzehntelanger Arbeit als Arzt, Psychologe, Seelsorger und spiritueller Berater wurde Norman Vincent Peale mit den Sorgen, Nöten und Problemen Tausender konfrontiert. Zusammen mit seinem Mitarbeiterstab entwickelte er eine spezielle Technik, den rat- und hilfesuchenden Menschen zu Glück und Erfolg zu verhelfen, die in der Praxis ganz erstaunliche Erfolge aufweisen kann. Diese Technik des Positiven Denkens ist eine handfeste Anleitung zu einem Leben voller Vertrauen. Aufbauend auf dem Wissensschatz der Bibel, für ihn »das weiseste aller Bücher«, umreißt sie die wichtigsten Formeln, mit deren Hilfe wir alle Bereiche unseres Lebens freudvoll meistern können: Ein Buch, das sich als Führer zu einem Leben in Vertrauen versteht.

Autor

Norman Vincent Peale, geboren 1898, arbeitete zunächst als Journalist. Während seines Theologiestudiums, das er selbst als »Phase der Selbstfindung« beschreibt, formulierte er bereits die ersten Ansätze seiner positiven Lebensphilosophie, die er erstmals 1952 in dem Weltbestseller *Die Kraft des Positiven Denkens* vorstellte. Seine Werke sind mittlerweile in achtzehn Sprachen übersetzt.

Bereits bei Goldmann erschienen:

Aufforderung zum Glücklichsein 11891
Begeisterung wirkt Wunder 12061
Das Buch der Lebensfreude 12072
Darum seid getröstet 11884
Heute fängt dein Leben an 11815
Leben kann Freude sein 11823
Positiv in den Tag 12091

Norman Vincent

PEALE

DEM LEBEN VERTRAUEN

Aktive Lebensgestaltung durch Positives Denken

Aus dem Amerikanischen übertragen
von Olivia de Seijo

GOLDMANN VERLAG

Originaltitel: A Guide to Confident Living
Originalverlag: Guideposts Associates Inc., New York

Deutsche Erstveröffentlichung

Der Goldmann Verlag
ist ein Unternehmen der Verlagsgruppe Bertelsmann

Made in Germany · 8/91 · 1. Auflage
© by Guideposts Associates Inc., New York
© der deutschsprachigen Ausgabe
by Wilhelm Goldmann Verlag, München
Umschlaggestaltung: Design Team München
Umschlagfoto: Vierow, Andechs
Satz: IBV Satz- und Datentechnik GmbH, Berlin
Druck: Elsnerdruck, Berlin
Verlagsnummer: 12094
BL · Herstellung: Gisela Rudolph
ISBN 3-442-12094-2

Inhalt

Vorwort

Der Autor dieses Buches hatte lange Gelegenheit, mit einer großen Zahl von Menschen zu arbeiten, die im Herzen der größten Stadt Amerikas täglich mit den Problemen der heutigen Zeit konfrontiert sind. Er leitete eine Beratungsstelle, in der Hunderte von Menschen jedes Jahr Hilfe und Führung suchten. Er entwickelte eine spezielle Technik, die den Menschen zu Glück und Erfolg verhelfen kann. Diese Methode wurde von den vielen Menschen, die sie in die Praxis umsetzten, ausgearbeitet. In der persönlichen Erfahrung vieler Menschen hat sie erstaunliche Resultate gezeigt. Diese Technik ist eine Anleitung zu einem Leben voller Vertrauen.

Und dennoch sind die Prinzipien, mit denen man Glück und Erfolg erlangt – und die in diesem Buch vorgestellt werden – nicht neu. Der Autor hat sie nicht erfunden. Sie sind so alt wie die Bibel, die sie schon gelehrt hat. Wenn die Technik etwas Besonderes an sich hat, dann nur darin, daß sie zeigt, *wie* man diese Prinzipien auf praktische und verständliche Weise darlegen kann, damit sie für den modernen Menschen geeignet sind.

Dieses Buch wiederholt sich manchmal. Das erfüllt einen bestimmten Zweck. Es soll uns den Grundprozeß durch eben diese Wiederholung regelrecht »einhämmern«. Die Wiederholung ist wesentlich, um Sie dazu zu veranlassen, wirklich zu üben und es immer wieder zu versuchen. Steter Tropfen höhlt den Stein. Und so verbraucht unsere Emphase allmählich die Lethargie, die uns von der Selbstverbesserung abhält.

Dieses Buch ist nicht theoretisch. Es enthält die detaillierte Beschreibung einer Lebenstechnik, die diejenigen, welche die Lehre in die Tat umsetzen wollen, zum Erfolg führen kann. Das Buch hat einen Hauptzweck – eine einfache, durchführbare Denk- und Handlungstechnik zu beschreiben und zu demonstrieren, die das Leben Tausender Zeitgenossen revitalisiert hat. Das Wichtigste an diesem Buch ist das *Wie* – *wie* Sie Ihre tiefsten Wünsche erfüllen können.

Das Buch umreißt auf einfache Weise die Formeln, die Ihr Leben erfolgreich machen werden. Jedes Kapitel behandelt einen Aspekt des Gesamtthemas – nämlich *wie* man glücklich und erfolgreich sein kann. Es wird nicht jeder Faktor diskutiert, die Formel wird aber auf genügend Aspekte angewendet, um Ihnen beizubringen, *wie* Sie die Techniken in allen Situationen anwenden können. Die Methode ist genügend entwickelt, um Ihnen das zu vermitteln, was Sie wirklich wissen wollen: *wie* Sie glücklich und erfolgreich werden. Ich biete Ihnen dieses Buch als Führer zu einem Leben im Vertrauen an.

NORMAN VINCENT PEALE

1
Eine »alte« Methode, um neue Kräfte freizusetzen

Ein junger Arzt verschreibt den Menschen, die unter den in diesem Buch beschriebenen Krankheiten leiden, etwas recht Merkwürdiges: »Gehen Sie während der nächsten drei Monate wenigstens einmal jeden Sonntag in die Kirche.«

Den überraschten und verwunderten Patienten erklärt er, es gäbe in der Kirche eine Stimmung und Atmosphäre, die in sich heilend sei und die ihnen helfen würde, Sorgen, Ängste, Streß und Bedrückung zu besiegen. Dabei sei es gleichgültig, ob die Patienten wirklich der Predigt zuhörten. Schon allein ganz still in der Kirche zu sitzen und sich der Stimmung, die darin herrscht, hinzugeben, sei bereits wertvoll. Die Ergebnisse dieser »Therapie« könnten sich sehen lassen!

Eine Frau, langjährige Freundin der Familie dieses Arztes, gehörte zum Typ Patient, der von Arzt zu Arzt wandert und weder genau hinhört, noch tut, was man ihm verschreibt. Schließlich landete sie bei diesem Arzt, der ihr ganz offen gestand, er wolle ihren Fall nicht behandeln. Als sie ihn fragte warum, erwiderte er: »Ganz einfach, weil Sie ohnehin nicht tun werden, was ich Ihnen rate.«

Sie flehte ihn an und versprach, ihm aufs Wort zu folgen. Dennoch zögerte er noch. In einem letzten Versuch sagte sie: »Ich brauche die Behandlung. Wie können Sie als Arzt mich einfach ablehnen?«

Also gab er nach, aber unter einer Bedingung. Sie sollte sich dazu verpflichten, seinem Rat ohne Einwand zu folgen und sollte richtig mitarbeiten.

Sie war in diesen nervösen Zustand geraten, weil ihre Schwester ihr den Mann vor der Nase weggeschnappt und geheiratet hatte. Seitdem haßte sie nun ihre Schwester; ihre ganze Person war von dem Gift des Hasses zerfressen. Es hatte ihr ganzes System völlig aus der Fassung gebracht, bis sie schließlich mit richtigen Krankheitssymptomen reagiert hatte. Der Arzt gab ihr zunächst Pillen, am ersten Tag rosafarbene, am zweiten weiße. Schließlich verschrieb er ihr seine »ungewöhnliche Methode«. Sie betrachtete den Zettel und schnappte: »So etwas Idiotisches habe ich überhaupt noch nie gehört! Sind Sie eigentlich Arzt oder Pfarrer?«

Er blieb ruhig und standhaft. Endlich folgte sie widerwillig. Einige Zeit ging vorbei, bevor sich eine Wirkung einstellte. Ihr Geist war innerlich zerrissen. Doch schließlich gab auch sie der heilenden Atmosphäre des Gottesdienstes nach. Zu ihrem eigenen Erstaunen und trotz ihrer Abneigung fand sie eines Tages sogar Interesse an der Predigt. Sie hörte genau zu und entdeckte, daß sie sich enorm angesprochen fühlte. Ihr Interesse wuchs. Sie wurde der Behandlung des Arztes gegenüber ganz zahm und schließlich, dank der weisen Kombination aus medizinischer und spiritueller Behandlung, konnte sie ihre Verbitterung loswerden. Sie wurde allmählich gesund.

»Sehen Sie, wie mein Rezept funktioniert«, sagte der Doktor. Heute hat diese Frau ihr Leben fest im Griff. Es geht ihr gut, nicht nur in physischer, sondern auch in emotionaler und spiritueller Hinsicht. Denn auf diesem Gebiet war sie ja eigentlich krank geworden.

Auch ein anderer Arzt schickte zu verschiedenen Anlässen Patienten in meine Kirche. Diese Leute waren nicht physisch krank, aber so voller Ängste und Spannungen, Schuld- und Minderwertigkeitsgefühle, daß man sie eigentlich »krank« nennen mußte. Eines Tages kam ein Mann, der jahrelang nicht mehr in der Kirche gewesen war und Predigten haßte.

»Gehen Sie dennoch und hören Sie bei der Predigt einfach weg! Arbeiten Sie mit Ohropax, aber tun Sie folgendes: In dieser Kirche wird jeden Sonntag ein Augenblick der Stille gefeiert – die Zeit kreativer Stille, wie sie es nennen. Der Pfarrer wird Ihnen vorschlagen, sich dieser Stille hinzugeben und Ihren Geist für die erneuernde Kraft Gottes zu öffnen. Diese Kraft vermag die Seele zu durchdringen. Sie wirkt heilend und wohltuend. Der Pfarrer hat recht, wenn er behauptet, das sei besser als jede andere Medizin. Es ist der einzige Weg, den ich sehe, um aus Ihren Schwierigkeiten herauszukommen.«

Schließlich begann ich in der Gemeinde eine Menge Menschen zu entdecken, die sich bei mir einer persönlichen Beratung unterzogen hatten. Damals kam mir der Gedanke, die gleiche Technik geistiger Therapie aus meiner Sprechstunde in die große Gemeinde hineinzutragen.

Eine der Techniken, die wir beim Gottesdienst benützen, hat in ihrer gelenkten Stille erstaunliche Resultate gezeigt. Den Wert der kreativen Stille lernte ich in Versammlungen der Quäker kennen. Ich merkte, wie sich dadurch die Anspannung verringerte, wie die Kraft über die Angst siegte und der Geist klar wurde, was mir in dem einen oder anderen Fall half, die erstaunlichsten Lösungen für manche Fälle zu finden. Die Quäker haben einen jahrelangen Vorsprung durch ihre Tradition der stillen Meditation. Wir haben dies in den meisten christlichen Kirchen leider nie entwickelt. Ich führte in meiner Gemeinde die völlige Stille ein – allmählich und nur gelegentlich. Sie zeigte eine solche Wirkung, daß die Menschen jetzt protestieren würden, wenn ich sie in einem Gottesdienst ausließe.

Und so vollzieht sich unsere gemeinsame Übung:

Stellen Sie sich vor, die Kirche sei mit über zweitausend Menschen gefüllt. Das Sonnenlicht strömt durch die großen Fenster und beleuchtet den Altar, der eigentlich eine kleine Plattform mit drei großen, stattlichen Stühlen ist. Links daneben steht ein wunderschönes Pult, auf dem die große Bibel ruht. Nach der Bibellesung ist die Gemeinde völlig still. Der Pfarrer steht auf, tritt an den Rand der Plattform und spricht zu seiner Gemeinde: »Wir sind heute hier, weil Gott an diesem Ort ist und wir Ihm begegnen wollen. Es ist die größte aller menschlichen Erfahrungen, und wir erreichen sie am besten durch Stille. Jeder Mensch in dieser Kirche kann jetzt mit Gott in eine so enge Verbindung treten, daß er neuerschaffen wird. In Gott leben wir, bewegen wir uns, in Ihm ist unser Wesen. Doch leider sind wir oftmals aus diesem Strom herausgefallen und akkumulieren deshalb Angst, Furcht und negatives Denken. Laßt uns deshalb einen Augenblick lang absolut still sein! Erlauben Sie Ihrem Körper, sich völlig zu entspannen. Vielleicht mögen Sie Ihre Augen dabei schließen, um die Welt auszublenden. Vergessen Sie für den Moment alle Probleme! Denken Sie eine Minute lang an Gott und stellen Sie sich vor, wie Er Sie jetzt neu erschafft. Lassen Sie uns in einen lebendigen und vibrierenden Augenblick kreativer Meditation zurückziehen.«

Bei diesen Worten wird es in der Gemeinde ganz still. Auch wenn vorher noch jemand gehustet hat, jetzt hört man nichts mehr. Es ist keine Totenstille, denn die Luft ist voller Leben. Der Geist der Erwartung schwebt über allem. Manchmal dauert diese Stille nur sechzig Sekunden, manchmal mehr. Die Menschen verlieren sich in der Stille, als ob Gott, Er selbst, ihren Geist mit Frieden berührte.

Unzählige Menschen berichten, wie gut ihnen dieser Augenblick der Stille getan hat. Seltsamerweise sind es nicht die Frauen, die diese Stille so schätzen, sondern die gestreßten Geschäftsleute, die sich besonders begeistert über den Nutzen dieser Übung aussprechen.

Ich bin überzeugt, daß Gott während dieser vibrierenden und heilenden Stille, die sich über die große Gemeinde legt, anwesend ist, daß Jesus Christus auf und ab geht, um die Menschen zu berühren. Dabei wird sehr viel Energie freigesetzt. Das Universum ist voller Energie. Können wir dann nicht davon ausgehen, daß in diesem dynamischen Universum spirituelle Kräfte um uns herum existieren, die mit uns in Verbindung treten können, um uns neu zu erschaffen? Das Neue Testament unterstreicht diese Kraft als Tatsache. Das Christentum ist mehr als nur ein Versprechen von Kraft. Es ist Kraft in sich. Wenn wir unseren Geist auf die unendliche Macht, die das Universum füllt, einstellen, werden wir auch selber davon erfüllt werden! Das Neue Testament sagt uns, Christentum sei das Leben selbst. Es ist die Essenz des Lebens, ist Lebendigkeit, vibrierende Energie. Es ist eine pulsierende kreative Energie, stärker und mächtiger als die der Sonne. Es ist eine tiefe Therapie, die in das Herz eines Menschen oder einer Gesellschaft eindringen kann. Sie löst dort Krankheitsherde auf, baut das Lebenszentrum auf, transformiert, schenkt frische Kraft – sie erschafft neu.

»In Ihm ist das Leben, und das Leben ist das Licht für die Menschen.« Aber wenn wir tief ins Christentum einsteigen, öffnen wir uns dieser starken Kraft. Unser Körper und unser Geist entspannen sich. Gesänge, Chormusik, die Bibellesung, die ruhige und ungehetzte Stimmung bereiten den Geist auf diesen Augenblick der Stille vor. Wenn wir bewußt unseren Geist Gott zuwenden und unsere Gedanken auf die göttliche Quelle der Kraft richten, ist es, als betätigten wir einen elektrischen Schalter: spirituelle Energie fließt in uns hinein.

Ein anderer zentraler Faktor, den das Christentum in seiner spirituellen Therapie anwendet, ist der Gedanke an das Licht. Es ist interessant zu beobachten, wie häufig im Neuen Testament »Licht« erwähnt wird. Es hat fast immer mit dem Leben zu tun. Wir Menschen haben die außergewöhnlichen Heilungsfähigkeiten des Lichts schon lange entdeckt. Berührt man einen Draht, durch den zweihundert Volt kursieren, bekommt man einen Schlag. Aber unter einer Infrarotlampe bekommt man in zwei Minuten so viel therapeutischen Nutzen, wie in einer Stunde Sonnenlicht.

Durch die Anwendung von Gruppentherapie im Gottesdienst werden Menschen der »kreativen Lichtenergie« im spirituellen Sinne ausgesetzt. Keine Angst: Ich verlasse jetzt nicht den sicheren Sektor des gesunden Menschenverstandes. Für mich ist aber das Christentum in sich selbst eine Wissenschaft. Ich bin daher überzeugt, daß ein Mensch, der in die Kirche geht und sich auf die Stimmung der Stille einstellt, seine negativen und zerstörerischen Gedanken loswerden kann. In der Stille öffnet er sich den erneuernden Kräften, die beständig durch das Universum fließen.

Ein Freund gab mir eine hervorragende Definition eines guten Gottesdienstes: »Die Erschaffung einer Atmosphäre, in welcher ein spirituelles Wunder geschehen kann.« Ungeheure Dinge können einem Menschen unter solchen Umständen geschehen.

Eine charmante, junge Frau erzählte mir, sie sei etwas träge inmitten der Gemeinde gesessen, als plötzlich die Worte des Predigers ihr Ohr erreichten: »Gott hat die Macht, aus einem gewöhnlichen Menschen einen besonderen zu machen, wenn dieser Mensch sich Gottes Macht vollkommen hingibt.«

Das berührte sie und revolutionierte ihr Denken. Ihre bisher unscheinbare Persönlichkeit begann sich zu verändern, und sie wurde zu einem der erstaunlichsten Menschen, die ich jemals gekannt habe. Sie entwickelte einen ungewöhnlichen Charme, die Fähigkeit, Führerin zu sein, und sie bekam eine solch ansteckende spirituelle Ausstrahlung, daß unzählige Menschen durch den Kontakt mit ihr verändert wurden. Heute besitzt sie all die Gaben und all den Anmut einer modernen Frau. Wo immer sie ist, ist sie der Mittelpunkt allen Geschehens.

Ein anderer Fall: Ein prominenter Finanzier aus New York bat mich, seine Firma zu besuchen. Ich fand eine florierende Gesellschaft vor, die unter seiner Leitung stand. Nachdem er mir seine interessanten Büros gezeigt und seine Arbeit beschrieben hatte, machte er folgende überraschende Bemerkung: »Die meisten Menschen, die für mich arbeiten, verdienen mehr Geld, und mein Geschäft hat sich enorm entwickelt – aufgrund von etwas, das in Ihrer Kirche geschehen ist.«

Er war eines Sonntags in die Kirche gekommen und hatte sich voll auf den Gottesdienst eingelassen. Sein sehr aktiver und wacher Geist stimmte sich ein. Plötzlich schoß eine Idee durch seinen Kopf – der Umriß des Profitteilens, welcher einigen seiner Mitarbeiter ermöglichen würde, viel mehr zu verdienen als nur ihr Gehalt. Sofort setzte er diesen Plan in Aktion um, mit dem Ergebnis, daß seine Firma alle früheren Rekorde brach!

Die Gemeinde meiner eigenen Kirche wurde jahrelang in dieser Technik geübt. Es kommen jedoch zu jedem Gottesdienst Hunderte von neuen Besuchern, die diese »Technik« noch nicht kennen. Auch sie berichten, daß sie erstaunliche Resultate erhalten, wenn sie wirklich mitmachen und sich der spirituellen Macht hingeben.

Vor nicht allzu langer Zeit probierte ich diese Therapie vor einer großen Gemeinde im Süden der Staaten aus. Ich predigte zu dem Text: »Höre, und deine Seele wird leben.« Hören, sagte ich, bedeute nicht nur, mit dem äußeren Ohr zu hören. Das Wort meine vielmehr, daß der ganze Geist auf die Gegenwart Gottes eingestellt sei: nicht nur mit dem Ohr, sondern auch mit dem tiefsten Wesen des Geistes zu hören.

Ich bat die Mitglieder dieser Gemeinde sich vorzustellen, wie Gottes Macht in der Kirche sei und in sie hineinfließe. Sie sollten eine Minute lang still sein, sich von den Problemen in ihren Köpfen abwenden und nicht mir, dem Sprecher, zuhören, sondern den Worten Jesu: »Kommet zu mir, die ihr mühselig und beladen seid, ich will euch erquicken!«

Ich hörte auf zu sprechen und stand bewegungslos. Kein Atem war in dieser großen Versammlung zu hören. Anschließend kam ein Mann zu mir und sagte, er besuche zwar seit Jahren Gottesdienste, und dennoch hätten sich seine Gedanken immer mit Ängsten und Sorgen gefüllt.

Seit seiner Kindheit hatte er wenig Vertrauen in sich selbst gehabt und immer darunter gelitten: »Mein Leben lang habe ich mich innerlich und gefühlsmäßig eingesperrt gefühlt. Ich bin zwar recht erfolgreich geworden, aber ich habe immer unter Minderwertigkeitsgefühlen gelitten. In dem Augenblick, als Sie uns aufforderten, wirklich zuzuhören, verlor ich mich – und fand mich zum erstenmal. Jetzt fühle ich mich, als sei alle Kraft in mir freigesetzt. Sie spült alles, was mir jahrelang Kummer bereitet hat, mit sich heraus. Ich glaube, ich bin endlich frei.«

Er war einfach nur mit einer Macht in Verbindung gekommen, so groß, daß sie die Kontrollzentren seines Geistes übernommen hatte. Diese Macht – Gott – hatte ihn ursprünglich erschaffen. Und sie ist immer da, um uns wiederzuerschaffen, wenn wir die Verbindung nicht abbrechen lassen, sondern sie fest in uns erhalten.

Denn wenn sie unterbrochen ist, filtern Ängste und das Gefühl von Niederlage in die Gedanken ein, um die Persönlichkeit zu übernehmen. Werden diese Elemente durch den neu aufgenommenen Kontakt herausgespült, kehren Kraft und Stärke zurück – und Vertrauen.

Lassen Sie es mich nochmals unterstreichen: *Wenn Sie die Glaubensprinzipien, die in diesem Buch aufgeführt sind, befolgen, dann können auch Sie die Schwierigkeiten Ihrer Persönlichkeit lösen. Auch Sie können lernen, wirklich zu leben.* Wie scheinbar hoffnungslos Ihr Zustand auch sein mag, wenn Sie die Prinzipien dieses Buches annehmen und wirklich mit ihnen arbeiten, werden Sie positive Resultate erhalten.

Glaube ist keine Glücksache. Er ist eine Kunst. Diejenigen, die darin Meister werden, erlernen die größte aller Künste – sie werden Meister der spirituellen Kraft. Damit Sie lernen können, erfolgreich diesen Weg zu beschreiten, schlage ich Ihnen folgende zehn Regeln vor, die Sie regelmäßig befolgen sollten:

- Sehen Sie den Kirchenbesuch als Kunst an, die bestimmte Regeln hat und die man sich aneignen kann.
- Gehen Sie regelmäßig in die Kirche. Es hat wenig Sinn, wenn Sie es nur einmal im Jahr tun.
- Verbringen Sie einen ruhigen Samstagabend und schlafen Sie gut, damit Sie am Sonntag ausgeruht sind.
- Gehen Sie körperlich und geistig entspannt dahin. Die Abwesenheit von Angespanntheit ist Voraussetzung für erfolgreichen Glauben.
- Genießen Sie es! Die Kirche ist kein Platz der Trauer. Das Christentum ist eine leuchtende und heitere Angelegenheit.
- Sitzen Sie entspannt auf der Bank, die Füße auf dem Boden, die Hände locker im Schoß oder an den Seiten. Erlauben Sie dem Körper, sich der Bank anzupassen. Gottes Macht kann nicht in Sie eindringen, wenn Körper und Geist angespannt sind.
- Bringen Sie kein Problem mit in die Kirche. Denken Sie während der Woche hart nach, aber lassen Sie das Problem den Sonntag über nur auf kleinem Feuer kochen. Gottes Friede schenkt Ihnen kreative Energie, um Ihnen im intellektuellen Prozeß beizustehen. Sie werden Einblicke bekommen, die Ihr Problem lösen helfen.
- Bringen Sie keine schlechte Laune in die Messe mit! Eine vorwurfsvolle Haltung blockiert den Fluß der spirituellen Kraft. Um schlechte Laune auszutreiben, beten Sie in der Kirche für diejenigen, die Sie nicht zu mögen glauben oder von denen Sie scheinbar nicht gemocht werden.

- Üben Sie die Kunst spiritueller Kontemplation. Denken Sie in der Kirche nicht an sich selbst, denken Sie an Gott. Stellen Sie sich eine schöne und friedliche Sache vor, vielleicht den See, in dem Sie im letzten Sommer gebadet haben. Der tiefere Sinn: Sie entfernen sich geistig von der Welt und lernen, eine Atmosphäre von Frieden und Frische heraufzubeschwören.
- Glauben Sie fest daran, daß etwas Großes geschehen wird! Der Gottesdienst ist die Erschaffung einer Atmosphäre, in der ein spirituelles Wunder stattfinden kann. Das Leben von Menschen hat sich durch den Glauben an Christus in der Kirche verändert. Gehen Sie davon aus, daß es auch Ihnen passieren kann!

Ich könnte unzählige Menschen aufzählen, die bezeugen würden, daß während eines Gottesdienstes Dinge geschehen sind, die ihr Leben verändert haben. Eines davon ist mir unvergeßlich in Erinnerung geblieben. Ich erhielt den Anruf eines Mannes, der mich fragte, ob ich die Karte erhalten habe, die er am Abend vorher an die Kirche gesandt hatte. Wir haben auf den Kirchenbänken einfache Karten, auf denen jeder seinen Wunsch ausdrücken kann, ein spirituelles Leben zu beginnen.

Dieser Mann sagte, er habe am Abend vorher so eine Karte unterschrieben und bat mich eindringlich, ihn sofort zu besuchen. Er bestand so sehr darauf, daß ich mein Büro verließ und mich zu ihm auf den Weg machte. Er hatte eine große Geschäftsorganisation unter sich. Um ihn herum waren lauter Zeugnisse eines einflußreichen Menschen. Er war ein ruhiger würdiger Mann, eine der eindrucksvollsten Persönlichkeiten, die ich jemals gesehen habe: »Es ist etwas geschehen, das alles verändert hat. Ich muß einfach mit Ihnen darüber sprechen, denn es geschah gestern abend in Ihrer Kirche«, begann er. Dann erzählte er die Geschichte seiner Erfahrung mit ruhiger Stimme, doch ich spürte, wie höchste Erregung unter der gesammelten Oberfläche brodelte. Er sei kein Kirchengänger und deshalb in den vergangenen zwanzig Jahren selten zur Messe gekommen. »Doch seit einiger Zeit habe ich das Gefühl, daß etwas fehlt. Obwohl ich doch alles zu haben scheine – Geld, Freunde, Einfluß und Macht. Aber Sie können sich vorstellen, wie es ist. Manchmal schmeckt das Essen einfach nicht, wie es sollte. Und mein Leben gefällt mir nicht mehr.« Dann erzählte er die ewig alte Geschichte von Anspannung und Angst, Irritierbarkeit und Zerrissenheit, die für unsere heutige Zeit charakteristisch sind. Er sah diese Dinge offenbar nicht als Sünde an. Aber sie waren die Wurzel seiner Unzufriedenheit.

»Jedenfalls, als ich gestern an Ihrer Kirche vorbeikam, zog mich das Thema auf dem Informationsbrett an, und ich beschloß hineinzugehen. Ich war spät dran und konnte nur einen Sitz ganz hinten finden. Ich war völlig überrascht, daß die Kirche voll war. Schon bald ertappte ich mich dabei, mich der Stimmung und Atmosphäre dieses Ortes hinzugeben und fühlte mich wie zu Hause. Ein Gefühl der Zufriedenheit überkam mich. Sie unterstrichen in Ihrer Predigt, daß jeder in der Gemeinde, den irgend etwas störe, einfach seinen Geist auf Gott richten solle. Die Sache erledige sich damit von alleine. Dies ist wohl eine etwas ungeschliffene Wiedergabe Ihrer Predigt, aber so jedenfalls kam sie bei mir an. Sie waren sehr positiv und illustrierten Ihre Predigt mit spannenden Geschichten von Menschen, die sich an Ihren Rat gehalten hatten. Mir gefielen Ihre Beispiele, und plötzlich hielt ich die kleine Karte in der Hand. Noch aber konnte ich sie nicht ausfüllen. Ich kehrte in mein Hotel zurück, wo ich bald einschlief. Mitten in der Nacht war ich plötzlich hellwach und von einer seltsamen Aufregung besessen. Ich stand auf, mußte an den Gottesdienst denken, und die Karte fiel mir ein. Ich legte sie auf meinen Tisch und las sie mir noch mal durch. Ich sprach ein kurzes Gebet, dann unterschrieb ich sie. Ich mußte sie sofort zum Briefkasten bringen, also zog ich den Bademantel an, ging hinunter und stand dort, mit der Karte in der Hand. Einen Augenblick lang zögerte ich. Es war so seltsam, daß ich so etwas tat! War ich plötzlich emotional geworden? Oder gar alt? Wendete ich mich im ›hohen‹ Alter von sechsundfünfzig Jahren der Religion zu? Dann ließ ich die Karte durch den Schlitz gleiten. Im gleichen Augenblick geschah etwas mit mir. Ich wurde unbeschreiblich glücklich.«

Während er das sagte, sank sein Kopf auf den Tisch. Er begann, zu meiner Überraschung, zu schluchzen. Ich saß einfach nur da und ließ ihn weinen. Schließlich hob er den Kopf wieder und sagte: »Es scheint, als sei mein ganzes Leben plötzlich aufgebrochen. Ich bin so glücklich, daß ich Sie sofort sehen wollte, um Ihnen das zu erzählen. Von nun an kenne ich die Antwort auf all meine Probleme. Ich habe Frieden und Glück gefunden.«

An jedem Sonntag kann so etwas geschehen. Haben Sie Mut – und es kann auch Ihnen passieren!

2
Behalten Sie Ihre Sorgen nicht für sich!

An einem Bahnhofskiosk sah ich in der Auslage viele »Lebenshilfe«-Bücher.

»Ich sehe, Sie haben eine ganze Menge dieser Art von Lektüre«, sagte ich zur Verkäuferin.

»Klar haben wir das, das Zeug verkauft sich wie warme Semmeln.«

»Besser als Krimis oder Filmzeitschriften?« wollte ich wissen.

»Na und ob, mehr als all das Zeug zusammen, sogar besser als Liebesromane. Wir leben von dieser Selbsthilfe-Literatur, oder wie Sie das nennen wollen.«

»Wie kommt das?«

»Na, ist doch wohl klar. Die brauchen doch heute alle so was (sie bezog sich dabei auf ihre Kunden). Sind doch alle in ihr Zeug verwickelt. Die können doch nix aushalten, sich selbst wohl am wenigsten.« Dann hielt sie inne. »Da wünscht sich doch jeder, irgendwer holt ihn da raus.«

Ich bin schon gar nicht mehr überrascht, wenn ich plötzlich aus unerwarteter Quelle etwas Weises höre. Eine aufmerksame Verkäuferin, die täglich das Publikum bedient, bekommt tiefe Einblicke in das Bedürfnis des menschlichen Wesens. Ihre klugen Worte blieben mir im Ohr, als ich weiterging: »Die sind doch alle in ihr Zeug verwickelt. ...da wünscht sich wohl jeder, irgendwer holt ihn raus.«

Das ist wohl ein großer Auftrag, aber irgend jemand muß diese Funktion übernehmen, den modernen Menschen da »herauszuholen«. Um mit dieser Situation fertig zu werden, ist ein ganz neuer Berufszweig geschaffen worden, der Beruf des persönlichen Beraters. Natürlich ist er nicht wirklich neu, denn es haben sich immer einige Leute mit persönlichen Problemen anderer befaßt. Doch erst in den letzten Jahren ist es zu einem spezialisierten Gebiet geworden. Anscheinend leiden die Menschen in der letzten Zeit unter höherer Anspannung, unter größerer Nervosität, tieferen Ängsten und schlimmeren Neurosen und Komplexen als zuvor. Menschen, die eine Beratung brauchen, sind keineswegs pathologische Fälle. Die Hauptaufgabe dieses beratenden Berufes ist es, »normale« Menschen »normal« zu erhalten. Die ist auch heilend, behandelt die allgemeinen Ängste, die Haß- und Schuldgefühle des modernen Menschen. Der Mensch von heute kapiert allmählich, daß sein Glück und seine Effizienz vor allem in seinen Gedanken geschmiedet werden. Er weiß inzwischen, daß der Zustand seiner emotionalen Gesundheit darauf hinweist, ob er Frieden, Ruhe und Kraft haben wird oder nicht. Die geistige, emotionale *und* spirituelle Gesundheit sind für ein erfolgreiches Leben wesentlich. Will man im Geschäftsleben erfolgreich sein, muß man eine zentrierte und gutorganisierte Persönlichkeit sein. Man scheitert nicht allein aus Faulheit oder Unfähigkeit. Es gibt dafür tiefere Ursachen, die in der geistigen Haltung und in den emotionalen Reaktionen liegen. In den meisten Fällen versteht der Durchschnittsmensch seine eigenen Reaktionen nicht und weiß nicht, welchen Einfluß sie auf seine Handlungen haben. Ausgebildete Ratgeber helfen dem Menschen, sich selbst kennenzulernen und seine Handlungsmotive zu verstehen – und zu analysieren. Und wenn es sinnvoll ist, regelmäßig zum Zahnarzt oder zum Arzt zu gehen, so ist es genauso sinnvoll, sich regelmäßig bei seinem spirituellen Ratgeber einen »Check up« machen zu lassen.

Wenn Sie beginnen, besorgt zu sein und Ihre Persönlichkeit die Geordnetheit verliert, gehen Sie ruhig zu Ihrem Berater. Erzählen Sie ihm auch ehrlich, was mit Ihnen los ist! Er kann Ihnen zu Klarheit verhelfen und Lösungen mit Ihnen zusammen entwickeln.

Dazu ein anschauliches Beispiel: Ein Mann, Opfer seiner Nerven, kam, um mit mir zu sprechen. Er hatte eine solche Panik in sich, daß er nicht weiter arbeiten konnte. Er hatte einen tollen Posten, stand aber kurz vor einem Nervenzusammenbruch. Sein Arzt hatte ihm gängige Beruhigungsmittel verschrieben und empfohlen, einen Psychiater zu konsultieren. Dann forderte er ihn plötzlich auf, lieber zuerst mit einem Geistlichen zu sprechen: »In gewissem Sinne sind Pfarrer auch Ärzte – Seelenärzte. Und oft macht uns die Seele im Geist krank, ganz zu schweigen vom Körper.«

Der Patient kam zu mir. Er war kein Mitglied meiner Gemeinde, und ich wußte überhaupt nichts über ihn. Nach einem kurzen Gespräch war mir klar, daß er etwas beichten wolle. Ich ermutigte ihn dazu. Nachdem er seine Gedanken gründlich gereinigt hatte – und es war viel dabei, was einen krank machen konnte –, fragte ich ihn: »Warum sind Sie damit nicht zu Ihrem eigenen Pfarrer gegangen?«

Ganz schockiert entgegnete er: »Den kenne ich zu gut!«

»Was meinen Sie damit?«

»Er ist ein enger Freund, und unsere Familien treffen sich häufig zum Abendessen. Seine Kinder spielen mit meinen Kindern. Und außerdem wäre er entsetzt, diese Dinge von mir zu hören.«

»Sie wollen wohl immer den besten Eindruck auf Ihren Pfarrer machen, nicht wahr?«

»Natürlich! Keiner will, daß der eigene Pfarrer etwas Schlechtes über einen weiß.«

»Mit Ihrem Arzt sind Sie wohl nicht so befreundet?«

»Doch, natürlich, der Doktor ist genauso ein guter Freund.«

»Hat er Sie jemals operiert?« fragte ich ihn.

»Ja, zweimal.«

»Dann kennt er Sie ja in- und auswendig! Nichts von Ihnen ist ihm verborgen. Aber da ist es Ihnen nicht peinlich, mit ihm zu essen! Natürlich, der Arzt hat gar keine Zeit, ständig an Ihre Innereien zu denken. Das tut er nur in seiner Sprechstunde. Wenn er aber gesellschaftlich mit Ihnen zusammen ist, sieht er Sie nur als Freund, nicht als Patienten. Aber glauben Sie ja nicht, daß es Ihrem Pfarrer da anders geht! Auch er will freundschaftliche Beziehungen genießen. Er weiß von so viel Schmerz und Kummer, daß er gern ab und zu seine ›Sprechstunde‹ schließt und an etwas ganz anderes denkt. Geht er mit einem Menschen als Pfarrer um, so wendet er seine ganze geistige, psychologische und wissenschaftliche Kenntnis an. Dann ist er objektiv und spendet Rat. Trifft er wenig später eben diesen Menschen ›privat‹, empfindet er ganz anders. Das weiß ich genau aus eigener Erfahrung. Der Pfarrer, der einen Menschen persönlich berät, kann nicht alles in seinem Geist aufbewahren. Ich persönlich führe noch nicht einmal eine Kartei. Ich schreibe auch nichts auf. Die Besprechung ist völlig vertraulich. Wenn ein Mensch zur Beratung zurückkehrt und ich mich nicht an seine Geschichte erinnern kann, muß er mir seine Geschichte noch mal erzählen, um meine Erinnerung aufzufrischen.«

Sie sollten in einem Priester einen Menschen sehen, zu dem Sie so frei und offen sprechen können wie zu einem Arzt. Seine wirkliche Position in der Gemeinde könnte man als die eines »Wissenschaftlers des spirituellen Lebens« ansehen, der für diese Funktion eigens ausgebildet ist. Er sollte von der Gemeinde als ein fähiger, gutausgebildeter Wissenschaftler angesehen werden, als Hirte der menschlichen Seele, als Arzt der Persönlichkeit.

Der Beratungsdienst ist ein integrierter Teil des protestantischen Pfarrerberufs geworden. Psychologische und psychiatrische Kenntnisse werden weithin angewandt. Pfarrer greifen natürlich nicht in das Gebiet ausgebildeter Psychologen oder Psychiater ein und achten darauf, nicht über ihr eigenes Wissensgebiet hinauszuschießen. Pfarrer nehmen sich dennoch extra Zeit, wenn Mitglieder ihrer Kirche oder Gemeinde sie konsultieren möchten. Sie besprechen einfache, grundlegende menschliche Probleme in ihren Predigten, so daß den Leuten klar wird, daß es sich um wirkliche *Pastoren* handelt: Menschen, die das tiefe Wesen des Menschen erkennen und die wissen, wie man von Sorgen befreit wird.

Seien Sie also nicht verlegen, wenn Sie Ihrem Pfarrer alles erzählen wollen! Er ist wohl schon mit jedem Problem konfrontiert worden – kaum ein Problem oder eine Sünde, die ihm fremd wären. Nichts, was Sie jemals getan haben oder tun könnten, ist ihm nicht schon vorher als menschliches Problem zu Gesicht gekommen. Er läßt sich nicht leicht schockieren und verliert weder seine Achtung noch seinen Respekt vor Ihnen. Er hat ein tiefes philosophisches Verständnis des menschlichen Wesens. Was immer Sie ihm auch für ein Übel beichten, er hat gelernt, das Gute in Ihnen zu sehen und Ihnen zu helfen, es herauszubringen. Er wird Ihnen verstehende Freundlichkeit entgegenbringen und Ihnen, soweit es seine Fähigkeit erlaubt, helfen wollen.

Viele junge Pfarrer besuchen heutzutage Kurse bei Psychiatern, Psychologen und Ärzten – nicht, um einen medizinischen Titel zu bekommen –, sondern um besser zu verstehen, warum die Menschen tun, was sie tun... Die Lösung vieler Probleme geht tiefer als die Medizin oder Chirurgie. Vielleicht sind die Pfarrer heute besser qualifiziert als früher, die Gaben, die der Große Heiler ihnen für ihr wissenschaftliches Verständnis des Glaubens geschenkt hat, an andere weiterzugeben.

Einige Pfarrer haben eine Gruppe von Mitarbeitern in ihren Kirchen organisiert, zu denen hervorragende Ärzte, Psychiater, Psychologen und Sozialarbeiter gehören, die bereit sind, auf klinischer Basis zu helfen und zu beraten. Dieser Dienst, der Männern und Frauen zugänglich ist, macht es jedem Menschen möglich, Hilfe und Rat zu bekommen. Behalten Sie also Ihre Sorgen nicht für sich! Gehen Sie zu einem Berater, der dazu qualifiziert ist, Ihnen zu helfen. Gehen Sie zu Ihrem Pfarrer, als gingen Sie zum Arzt!

Dieser Rat lehnt den allgemeinen, aber falschen Heroismus ab. Einige Menschen behaupten: »Ich rede nicht über meinen Kummer.« Viele sagen das, weil sie glauben, für diese Haltung bewundert zu werden. Das sind aber nicht die wirklich Leidenden! Wir alle kennen Menschen, die jahrelanges Leid ertragen mußten und dies mit einer bewundernswerten Haltung getan haben, ohne ständig laut zu jammern.

Im Gegensatz dazu werden andere Leute zu ständigen Nörglern und Jammerern. Sie sind Opfer ihres eigenen Selbstmitleids und andauernd nur mit sich selbst beschäftigt. Sie behalten ihren Kummer nicht für sich, dabei sollten gerade *sie* lernen, es zu tun.

Freilich kann auch das Prinzip, seinen Kummer immer für sich zu behalten, sehr gefährlich sein. In einem gewissen Sinne muß der Mensch ihn loslassen können. Wir können nicht für immer Schuldgefühle, Kummer und Schicksalsschläge in uns einschließen. »Sich alles vom Herzen zu reden«, ist der passende Ausdruck dafür, denn unser Herz ist seit jeher als Zentrum des emotionalen Lebens betrachtet worden.

Inneres Loslassen ist eine Notwendigkeit, mit der sich jeder von uns konfrontieren sollte. Das Herz muß erleichtert werden. Es ist gefährlich, die Dinge zu lange mit sich herumzutragen, denn sie wenden sich dann gegen uns. Behalten Sie daher Ihren Kummer nicht für sich! Zeigen Sie ihn jemandem, der sich darin auskennt und Sie gut beraten wird. Wenn Sie diesen Rat befolgen und sich an Ihren Pfarrer, Rabbi, Priester, Psychiater oder Psychologen wenden, so können Sie daraus großen Nutzen ziehen.

Der kluge Ratgeber entzieht dem Geist die kummerschweren Gedanken und läßt neue, heilende einfließen. Allerdings kann man Gedanken nicht nur durch bloßen Willen austreiben. Denn dann kommen sie sofort zurück. Die einzige gute und andauernde Methode ist, die zerstörerischen Gedanken durch positive zu ersetzen. Dafür verwendet der geschulte Berater spezielle, oft erprobte Techniken.

In einer unserer Sprechstunden beschrieb ein Mann seinen armseligen Zustand. Er war Bankier einer kleinen Stadt, ein einflußreicher Mann in seiner Gemeinde. »Ich kann es einfach nicht verstehen«, sagte er, »ich lebe ein anständiges Leben und versuche vielen zu helfen, aber ich bin dabei unglücklich, um nicht zu sagen, ich fühle mich elend.«

Nachforschungen ergaben einen inneren Konflikt. Er war voller Angst, und es steckte auch eine ganze Menge Haß in ihm. Als wir begannen, mit ihm zu sprechen, fielen ihm plötzlich lauter Menschen ein, die er verabscheute. Er hatte große Lust, sich an ihnen zu rächen, aber seine strenge religiöse Erziehung zwang ihn, feindlichen Gefühle zu verdrängen. Aber sie *waren* in ihm. Er hatte sie nach innen geschoben und damit einen großen Überdruck geschaffen. Jetzt schüttete er uns sein Herz aus, erst zögernd, aber dann in einem endlosen Strom.

Ich hörte geduldig zu. Wichtig war nicht, ihm einen Rat zu geben, sondern alles einmal auszusprechen. Es mußte einfach alles raus. Eine totale mentale Katharsis war nötig.

Wie sollte ich ihm raten? Zu beten? Das hatte er sein Leben lang getan. Die Bibel zu lesen? Natürlich. Aber er las sie ja schon täglich. Religiöse Worte konnten hier nicht helfen. Es war notwendig, seine Situation auf einfache und dennoch originelle Weise in Angriff zu nehmen. Meiner Erfahrung nach ist die christliche Religion nicht einfach genug, auch nicht für gebildete Leute. Wir sollten lernen, komplizierte Gedankenformen zu eliminieren. Vieles sollte bildlich dargestellt werden und die ganze Starrheit aus dem System verschwinden.

Also sagte ich zu diesem Mann: »Wäre es nicht toll, wenn wir in Ihren Geist hineingreifen könnten und all diese Gedanken, die Ihr Gehirn in ein solches Durcheinander versetzt haben, herausholen?«

»Sie haben keine Ahnung, wie gut das wäre.«

»Wäre es nicht auch toll«, setzte ich hinzu, »wenn ein Chirurg ein Messer zur Hand nehmen könnte, Ihnen ein Loch in den Kopf schnitte und dann mit einem Instrument all diese Ideen auskratzte? Und anschließend den Kopf – sauber und rein – wieder zunähte? Sinnvoller freilich wäre es wohl, wenn ich als Pfarrer mit dabei wäre, die Bibel in der Hand, und einige der wichtigsten Gedanken über Vertrauen, Vergebung, Freundlichkeit hineinfallen ließe. Anschließend könnte der Arzt das Loch in Ihrem Kopf ruhig schließen. Diese neuen Ideen würden in Ihrem Geist Einzug halten, ihn durchdringen und einen heilenden Einfluß auf ihn ausüben, daß Sie am Ende völlig verändert wären.«

Er schüttelte bedauernd seinen Kopf und lachte dennoch über diesen so seltsamen Therapievorschlag. »Schade, daß man das nicht wirklich so tun kann. Zu schade.«

Wir saßen still beieinander und dachten über das Thema nach. Dann sagte ich: »Warum eigentlich nicht?«

»Aber wie? Sie können nicht einfach ein Loch in meinen Kopf schneiden.«

»Das müssen wir auch nicht. Es gibt schon einige Eingänge in Ihr Gehirn, Ihre Augen und Ohren. Deshalb rate ich Ihnen, heimzugehen, das Neue Testament in die Hand zu nehmen und jede Zeile, die Ihnen geeignet erscheint, hineinfallen zu lassen. Konzentrieren Sie sich darauf, zerstörerische Gedanken durch machtvolle und kreative zu ersetzen. Diese Worte aus der Bibel haben sehr viel Kraft. Sie werden die kranken Gedanken ein wenig aus Ihrem Kopf drängen. Und dann«, schlug ich ihm weiter vor, »gehen Sie in die Kirche und hören mir wirklich zu! Hören Sie jenseits Ihres Bewußtseins zu. Greifen Sie nach den wichtigsten Worten, Sätzen und Gedanken. So werden Sie heilenden Gedanken erlauben, in Ihnen fruchtbar zu keimen. Wir müssen also kein wirkliches Loch in Ihren Kopf schneiden. Wenn Sie einen Gedanken von Haß oder Niederlage erwischen, denken Sie sofort an die Bibelworte, die Sie in Ihrem Kopf versammelt haben. Sagen Sie sie schnell auf, wiederholen Sie sie! Bleiben Sie bei dieser Übung, und Ihre Gedanken werden sich bald vollständig ändern. ›Spülen‹ Sie Ihr Hirn aus und füllen Sie es mit heilender Macht auf.«

Der Bankier tat, wie ihm geheißen. Als Mann beträchtlicher spiritueller Kraft konnte er diesen Prozeß beginnen. Schon bald erzählte er mir, das Ergebnis dieses einfachen Prozesses habe sein ganzes Leben verändert. Aber er warnte: »Wenn ich im Eifer nachlasse, versuchen diese alten Ideen wieder hineinzukriechen. Aber ich gebe nicht nach, und mit jedem Tag bekomme ich mehr Kontrolle. Zuerst war es ein Kampf, aber die Macht des Glaubens kann mit allem fertig werden. Allmählich finde ich den geistigen Frieden, den ich so lange gesucht habe.«

Meiner Erfahrung nach zeigen solche einfachen Techniken oft erstaunliche Ergebnisse. Sind Sie über die seltsame Therapie erstaunt, die ich dem Bankier empfohlen habe? Dann kann ich nur entgegnen: »Es hat funktioniert.« Das Christentum, wenn es auf präzise und einfache Formeln reduziert wird, ist auch für die intellektuellsten und anspruchsvollsten Menschen ein ausgezeichnetes Vorgehen.

Zwei grundlegende menschliche Probleme tauchen bei diesen Beratungen immer wieder auf. Das eine ist Glaube, das andere Mitgefühl.

Sünden oder Schuldgefühle haben einen besonders schädigenden Effekt auf die Persönlichkeit. Man kann es am besten als Wunde bezeichnen. Das Gefühl von Schuld schneidet tief in das emotionale und spirituelle Wesen hinein. Zuerst merkt man es vielleicht nicht und leidet nicht sehr darunter. Die Anspannungen aber, die Nervosität werden zum Problem. Seltsame Obsessionen entwickeln sich. Ein Mann, mit dem ich zusammenarbeitete, mußte immer zur Türe gehen, um zu schauen, ob sie auch aufgeht. Ein anderer wusch sich ständig die Hände, nachdem er etwas berührt hatte. Solche Obsessionen sitzen manchmal sehr tief und haben schlimme Leiden zur Folge. Der Geist wird unruhig, die Gefühle geraten aus dem Gleichgewicht. Wir fühlen uns sehr unglücklich und können nichts mehr leisten.

Denn Schuld ist eine »unsaubere« Wunde. Kummer dagegen ist zum Beispiel eine »saubere« Wunde. Sie tut sehr weh, aber sie heilt von allein auf natürliche Weise. Eine saubere Wunde im Körper heilt ohne Schwierigkeiten. Anders bei der Sünde, wo die Wunde nicht sauber ist und nicht von allein heilen kann. Sie fault und wird zum Krankheitsherd, körperlich wie seelisch. Die Persönlichkeit versucht immer automatisch, sich selbst zu beschützen. Die Natur isoliert einen Krankheitsherd im Körper. Doch im Fall von Schuld kann dies nicht geschehen.

Man hört manchmal von Leuten, die zusammenbrechen, die Herzprobleme haben, einen zu hohen Blutdruck oder unter ungewöhnlich hohen Spannungen leiden. Eine vage, scheinbar ursachlose Unzufriedenheit verdirbt ihnen das Leben. Natürlich ist nicht immer ein Schuldgefühl die Wurzel solcher Schwierigkeiten, aber in unserer persönlichen Beratung haben wir festgestellt, daß dies in einer großen Zahl der Fälle die Ursache oder wenigstens die Teilursache ist.

Die Menschen von heute scheinen nicht gerne über Sünde zu reden. Einige meinen sogar, daß es keine Sünde gibt. Meiner Meinung nach ist einer der tiefsten Gründe für nervöse Anspannungen das Nichterkennen des Eiterherdes der Schuld, die im Geist des Menschen angesiedelt ist, und die Unfähigkeit, damit richtig umzugehen. Es kann auch sein, daß die enormen sozialen Sünden unserer Zeit an der mentalen und emotionalen Gesundheit des modernen Menschen zehren.

Ja, es ist seltsam und finster, dieses Schuldgefühl. Unbewußt nehmen wir es in unser System auf, integrieren es, und plötzlich beginnt es, etwas, das man »Gift« nennen könnte, abzugeben. Dieses Gift dringt in das Denken ein, und bald sagen wir uns: »Ich bin eigentlich nicht glücklich. Mir machen die Dinge keinen Spaß mehr. Ich bin nervös. Alles schmeckt irgendwie schlecht. Was ist mit allen Leuten los? Was ist mit mir los?«

Natürlich handelt es sich nicht um wirklich physisches Gift, aber Gift ist das beste Wort, um die ungesunden, zersetzenden Ausscheidungen zu beschreiben, die aus dem Schuldgefühl fließen. Man weiß heute, daß Nervosität, Ärger oder Haß im Körper bestimmte Ausscheidungen stimulieren können und damit das physische System durcheinanderbringen. Auf ähnliche Weise kann auch das Schuldgefühl dem Menschen zusetzen. Berühmte Ärzte wiesen die Theorie nach, daß Haß und Ressentiments bestimmte physische Krankheiten hervorrufen. Und es gibt viele Forschungsunterlagen, um diese Tatsachen zu unterstützen. Wir dürfen dem Gift der Schuld einfach nicht erlauben, im Geist zu verweilen!

Ein Beispiel dafür ist der Fall eines Offiziers der Air Force, der zu einer Besprechung zu mir kam. Nach vielen erledigten Aufträgen wurde er über Ölfeldern im Nahen Osten abgeschossen.

Er litt unter Traumata und Schock. Er wurde in ein modernes Krankenhaus geschickt, aber er erholte sich nicht. Seine Freude am Leben war verschwunden. Schließlich übergab ihn der zuständige Arzt dem Kaplan – damit schließlich uns.

Durch die Gespräche fanden wir heraus, daß er in seiner Jugend ein Mädchen verführt und sitzengelassen hatte. Durch »Logik« versuchte er jahrelang, damit fertigzuwerden.

Aber unser Unbewußtes läßt sich nicht betrügen. Der Verstand hatte versucht, die Sünde zu begraben, sie zu isolieren.

Doch sie begann zu eitern, und schließlich war sie die Ursache des andauernden emotionalen Unwohlseins des jungen Offiziers.

»Mein Sohn, dein Problem liegt nicht in deinem Körper«, sagten wir ihm. »Es ist auch nicht in deinem Geist. Es sitzt in deiner Seele. Es sitzt in deinem moralischen und spirituellen Wesen.« Der Psychiater unterstrich diese Diagnose.

Dieser Junge war ein sehr wacher und intellektuell objektiver Mensch und erkannte, daß diese Analyse stimmte. Er war bereit, sich einer »spirituellen Behandlung« zu unterziehen – der Vergebung seiner Sünde. Danach veränderte er sich auf erstaunliche Weise. Er wurde schon bald frei, glücklich, fröhlich und übermütig. Er erfuhr eine wahre Explosion von Energie und Begeisterung, die alle in seiner Umgebung erstaunte. Kein Wunder, denn eine schwere Last, die auf seiner Seele geruht hatte, war von ihm genommen worden. Er wurde schnell wieder gesund und ist heute erfolgreich.

Im Umgang mit Schuld steht der Berater oft vor der seltsamen Schwierigkeit, daß sich ein Mensch vielleicht von Gott vergeben fühlt, aber unfähig ist, sich selbst zu verzeihen. Der Grund dafür ist die Tatsache, daß der menschliche Verstand oftmals dazu konditioniert worden ist, Schuldkomplexe zu hegen. Es scheint für unseren Geist schwierig zu sein, Schuld loszulassen, gleich wie unangenehm sie sein mag. Unser Geist ist wahrlich seltsam! Er wünscht sich Freiheit, doch zögert er immer, sie anzunehmen, wenn sie ihm dargeboten wird.

Ein Mann besuchte mich, der eine Sünde gestand und eine tiefe Erleichterung verspürte. Aber er kam in regelmäßigen Abständen zurück, um dasselbe Vergehen mit denselben Details wieder zu beichten. Schließlich sagte ich zu ihm: »Das macht Ihnen anscheinend Spaß, nicht wahr?«

»Ich fühle mich immer viel wohler, wenn ich dies gebeichtet habe«, erwiderte er.

»Sie fühlen sich vielleicht für den Augenblick wohler, aber dann nimmt Ihr Verstand die Schuld wieder auf. Ihr Geist glaubt nicht daran, frei sein zu können. Er glaubt, es sei zu gut, um wahr zu sein. Ihr Verstand wird von der Gewohnheit regiert und kann nur langsam die Idee annehmen, daß man sich von der Dominierung durch den Schuldkomplex völlig befreien kann. Also fühlen Sie sich nach einer Zeit wieder genauso schlecht wie vor Ihrem ersten Besuch bei mir. Doch weil Sie die Erleichterung der Beichte erlebt haben, kehren Sie zurück, um wenigstens für den Augenblick Ruhe zu haben.«

Ich wies ihn darauf hin, daß er lernen müsse, sich selbst zu vergeben, wenn er erwarten wolle, diesen ständigen Teufelskreis zu durchbrechen. Er müsse sich in seinem Geiste vergeben und die Freiheit annehmen. Ich sagte ihm, er dürfe diese längst vergebene Sünde nie mehr mir oder irgendeinem anderen Menschen beichten, sondern solle statt dessen ständig wiederholen: »Gott sei Dank bin ich damit fertig, und ich habe vor, damit nichts mehr zu tun zu haben.«

»Und jetzt«, sagte ich zu ihm, »schießen Sie los! Beichten Sie es mir noch ein einziges Mal, und dann werden Sie nie mehr wieder davon reden.«

Als er geendet hatte, meinte ich: »So, das war das letzte Mal! Ich werde dem nie mehr zuhören, und ich bitte Sie inständig, keinem anderen jemals davon zu erzählen.«

Erst nach vielen Monaten fand ich seinen Namen wieder in meinem Terminbuch. Als ich den Raum betrat, stand er auf, und, mit einer Kraft, die ich nie zuvor an ihm bemerkt hatte, drückte er fest meine Hand.

»Was haben Sie diesmal auf dem Herzen, mein Freund?« fragte ich.

Er antwortete schnell: »Keine Sorge, ich werde nicht noch mal beichten! Ich bin nur gekommen, um zu sagen, daß die Sache für mich erledigt ist. Ich habe mir den Absatz aus der Bibel eingeprägt, den Sie mir gaben. Sind das wunderbare Worte! Sie wirken und helfen mir.«

Ich hatte ihm folgende Passage aus der Bibel gegeben: »Vergiß die Dinge, die hinter dir liegen, und greife nach denen, die vor dir liegen...« (Phil. 3,13)

Also behalten Sie Ihre Sorgen nicht für sich! Aber: Wenn Sie sie einem kompetenten Berater erzählt haben und Gott

Ihnen vergeben hat, dann vergeben Sie sich wirklich selbst! Füllen Sie Ihren Geist mit hoffnungsvollen, hilfreichen und positiven Gedanken! Glauben Sie und gehen Sie voran! Schauen Sie nicht zurück! Gehen Sie geradeaus nach vorn, denn das Leben liegt immer vor Ihnen, nie hinter Ihnen!

3

So werden Sie Ihre Minderwertigkeitskomplexe los!

»Es ist genug Atomenergie in dem Körper eines Menschen, um die ganze Stadt New York zu zerstören«, sagt ein bekannter Physiker. Wir verstehen diese Worte, wenn wir sie lesen, oberflächlich. Aber wir wollen sie tiefer in unseren Geist einprägen und merken, was es mit ihnen auf sich hat. *Sie* haben genug Energie, um die ganze Stadt New York in Schutt und Asche zu legen. Genau das sagen uns fortgeschrittene Physiker.

Wenn das so ist, warum haben wir dann Minderwertigkeitskomplexe? Wenn Sie tatsächlich genügend Kraft haben, um die größte Stadt der Welt zu zerstören, dann haben Sie auch genügend Kraft, um jedes Hindernis in Ihrem Leben zu überwinden!

Pythagoras hatte völlig recht. »Kenne dich selbst!« drängte er. Das bedeutet, auch unsere Kräfte zu kennen. Wenn Sie sich wirklich kennenlernen, Ihre eigene enorme Kraft erfahren, werden Sie endlich einsehen, daß Sie kein besiegter Mensch sein müssen. Denn besiegt sind Sie nur, wenn Sie sich durch ein falsches Minderwertigkeitsgefühl leiten lassen.

Es ist möglich, daß Sie sich oft besiegt fühlen. Dann legt sich eine Depression über Sie, und Sie haben dieses entmutigende Gefühl, daß es keinen Sinn mehr hat weiterzukämpfen. Jeder Mensch ist manchmal versucht, in diese langweilige und dumpfe Haltung zu fallen. Aber nicht jeder gibt der Versuchung nach. Diejenigen, die die Niederlage annehmen, *werden* auch besiegt. Ein bekannter Psychologe sagt: »Im Menschen ist eine große Tendenz zu werden, was er sich vorstellt zu sein.« Glauben Sie, daß Sie besiegt werden, glauben Sie es nur lange genug – und es wird zur Tatsache!

Doch merken Sie sich: Die Menschen, die Glück und Erfolg erreichen, schütteln die Depression ab und weigern sich, die Idee der Niederlage anzunehmen. Sie weigern sich zu glauben, daß Umstände oder Feinde sie niedermachen können. Sie wissen, es ist der *Gedanke* der Niederlage, der die Niederlage verursacht, und deshalb üben sie sich im Positiven Denken. Sie trainieren ihren Geist, nur an den Sieg zu denken; und als Resultat siegen sie.

Normalerweise entsteht ein Minderwertigkeitskomplex aus falschem Denken, das man in der Kindheit angenommen oder aus späteren Erfahrungen »erlernt« hat. Der Minderwertigkeitskomplex ist ein System emotional gefärbter Gedanken, die um ein zentrales Thema gruppiert sind – mangelnder Glauben an sich selbst. Man erkennt die Symptome eines Minderwertigkeitskomplexes an der Art, wie man ihn kompensiert. Wir werden bestimmte Arten dieser Kompensation kurz betrachten, um zu verstehen, wie diese Komplexe wirken.

Es gibt eine Art von Persönlichkeit, die sich ständig »überbestätigt«. Anstatt zu laufen, *schreitet* das Opfer dieser Art von Kompensation. Solch ein Mensch wirkt pompös. Er spricht normalerweise mit lauter Stimme. Wenn er irgendein Thema diskutiert, macht er den Eindruck, als wisse er alles. Man sagt von ihm: »Wie eingebildet er ist!« Das ist aber nicht unbedingt richtig. Es wäre genauer zu sagen: »Wie krank er ist.« Unter seiner pompösen Selbstbestätigung liegt das tiefe Gefühl, nicht zu genügen. Seine überrollende Haltung ist die Art, die sein Geist erfindet, um das eigentliche Minderwertigkeitsgefühl auszugleichen. Er tut es nicht freiwillig oder bewußt. Es ist der unbewußte Versuch seines Geistes, sein »Gesicht« zu retten. Sein Unterbewußtsein sucht nach übertriebener Bestätigung.

Im Gegensatz dazu, aber aus eben derselben Ursache, finden wir den Menschen, der sein Licht immer unter den Scheffel stellt. Solch einen Fall können Sie zum Beispiel auf dem Golfplatz treffen. Er spielt hervorragend, tut aber immer überbescheiden. Sie müssen ihn zum Spielen fast gewaltsam überreden. Es ist ein seltsamer Dreh an dieser Geschichte, denn unter seiner Demut liegt ein großer Egoismus. Ein normaler Mensch würde einfach sagen: »Klar, ich spiele gerne«, und würde völlig entspannt und natürlich das bestmögliche Spiel machen.

Vor Jahren arbeitete ich in einer Zeitungsagentur. Dort traf ich eine Frau des letztgenannten Typus. Sie kam ganz aufgeplustert zu uns und beklagte sich, weil ihr Foto im Zusammenhang mit irgendeinem gesellschaftlichen Ereignis nicht in die Zeitung gekommen war. Als sie das Büro verließ, sagte der Herausgeber: »Diese Frau verstehe ich nicht.« Das ist zwar nicht alles, was er sagte, aber den Rest drucke ich lieber nicht ab. Damals verstand ich sie auch nicht, aber jetzt wohl. Als sie noch ein Baby war, sprang sofort jemand hinzu, wenn ihre Rassel zu Boden gefallen war. Wenn sie irgend etwas verlangte, bekam sie es. Und als sie größer wurde, erwartete sie von der Welt, weiterhin so behandelt zu werden. Eigentlich war sie ein Säugling geblieben, mit dem ständigen Gefühl, nicht zu genügen. Sie hatte sich dann in die kindliche Manifestation ihres Minderwertigkeitsgefühles zurückgezogen.

Der Minderwertigkeitskomplex nimmt manchmal eine seltsame Wendung. Ein tiefes inneres Gefühl, nicht zu genügen, zeigt sich oft in einem völlig unlogischen Wunsch zu dominieren. Ein Mensch, der in seiner Kindheit von anderen dominiert wurde, mag als Erwachsener versuchen, dieses Erlebnis durch die eigene Dominanz über andere zu kompensieren. Dieser Mensch erkennt normalerweise den Grund für diese Haltungen nicht. Und auch die Menschen, die mit ihm zusammen sind, merken es oft nicht.

Dann ein Fall aus meiner Praxis: Eine Frau kam in meine Sprechstunde, als sie kaum noch Sinn im Leben sah.

»Ich bin von Menschen umringt, die ständig im Durcheinander leben«, beklagte sie sich. »Ich muß endlich Frieden haben, oder ich werde verrückt.«

Zuhause habe sie ein Chaos – ein ständiges Durcheinander. Sie leite einen angespannten, nervösen Haushalt. »Es ist einfach schrecklich«, klagte sie. Sie selbst war so angespannt, daß sie nicht mehr schlafen konnte. Ich bat sie, ihren Mann bei ihrem nächsten Besuch mitzubringen. Vielleicht war er der Grund für dieses Durcheinander. Aber er schien ein sanfter, schwächlicher, kleiner Mann zu sein. Er saß ganz still da, während sie das Sprechen übernahm. Er hatte eine offenbar besiegte Persönlichkeit. Er schaute sie sogar ängstlich an, bevor er das Wort nahm, und dann sprach er mit zittriger Stimme.

Ich versuchte, die Familienmitglieder davon zu überzeugen, daß sie einzeln, nacheinander, das Haus verlassen sollten. Wenn der Tumult durch die Abwesenheit eines von ihnen aufhörte, dann war derjenige, der als letzter gegangen war, die Ursache für die große Verwirrung. Zuerst verließen die Kinder das Haus. Eines nach dem anderen, dann ging der Mann. Aber nichts geschah, nichts veränderte sich. Die Situation blieb genauso chaotisch wie immer.

Schließlich bat ich die Frau, für eine Zeitlang aus dem Haus zu gehen.

»Also«, schnappte sie, »ich glaube bestimmt nicht, daß das etwas lösen wird. Denn, wenn ich gehe, wer paßt dann auf das ganze Haus auf?«

»Kümmern Sie sich nicht darum«, sagte ich. »Gehen Sie einfach weg! Wie lange sind Sie verheiratet?« Sie sagte es mir, und ich meinte: »Jede Frau, die so lange verheiratet ist, verdient Urlaub. Verreisen Sie für zwei Wochen!«

Sie verreiste vierzehn Tage. Als sie das Haus verließ, beruhigte sich alles. Natürlich wurden einige der Haushaltstätigkeiten nicht erledigt, aber es war ein Ort der Ruhe und des Friedens.

»Na, wie geht alles?« fragte ich den Ehemann. Er flüsterte: »Wunderbar. Alles ist einfach traumhaft.«

Nach zwei Wochen kehrte die Frau zurück und kam zusammen mit ihrem Mann, um mit mir zu sprechen. Ich sagte: »Wir haben ein Experiment gemacht. Wir schickten zuerst die drei Kinder fort, jedes einzeln, und nichts geschah. Dann ließen wir den Mann gehen, und es passierte ebenfalls nichts. Dann schickten wir die Frau fort, und alles wurde friedlich.«

»Ja«, gab sie zu, »das behaupten sie.«

Dann überlegte sie einen Augenblick und fragte nachdenklich: »Sie glauben doch nicht, *ich* könnte die Ursache von all dem Chaos sein?«

Plötzlich wurde ihr Mann ganz lebendig und bestätigte voller Sicherheit: »Ja, Mary, du bist der Grund.«

Sie wandte sich zu ihm und schnappte: »Halt du dich raus! Das entscheide ich wohl besser selbst.« Und zu mir: »Was ist mit mir los?«

Ich mochte sie. Sie war aufrichtig. Sie wußte, der Fehler lag bei ihr selbst, und sie wollte die Antwort wissen. Als ich ihr den Mechanismus eines Minderwertigkeitsgefühls anhand ihrer Reaktionen beschrieb, erkannte sie die Treffsicherheit dieser Diagnose. Unbewußt überkompensierte sie, daß man sie in ihrer Kindheit dominiert hatte. Ihr Geist hatte diese Fluchtmethode aus einem tiefen Minderwertigkeitsgefühl heraus übernommen.

Sie wollte wissen, wie sie diese Schwäche verbessern konnte. Ich umriß ihr einen detaillierten Plan spiritueller Technik. Sie war ein aufrichtiges Wesen und begann, diesen Plan in die Praxis umzusetzen. Allmählich wurde die häusliche Situation völlig ausgeglichen.

Eines Tages meinte sie weise: »Die beste Art, die Situation zu verändern, ist wohl, sich selbst zu verändern.«

Kennen Sie sich selbst? Verändern Sie sich selbst? Das ist sehr wichtig. Aber es gibt dennoch einen noch tieferen Faktor, um das Minderwertigkeitsgefühl für immer auszumerzen. Wir finden ihn in dem großen psychologischen Reichtum der Bibel. Unter allen möglichen Methoden ist eine der wohl besten und sichersten in folgender Formel enthalten: »Wenn Gott auf unserer Seite ist, wer kann dann gegen uns sein?« (Römer 8,31)

Diese Formel hat eine unschätzbare Macht. Wenn Sie an den Inhalt dieser Worte glauben, werden Sie den Glauben an Ihre eigenen Kräfte entwickeln. Sie werden außerdem entdecken, daß der Glauben Kräfte freisetzt.

Erinnern Sie sich an die unsterbliche Fabel von den zwei Fröschen, die in einen Sahnetopf fielen? Die Oberfläche der Sahne war ziemlich weit von der Topföffnung entfernt. Die Frösche versuchten herauszuspringen, aber es klappte nicht. Sie kämpften, sie schwammen, sie klagten, sie taten alles, um herauszukommen, aber ohne Erfolg.

Schließlich nahm einer der Frösche eine negative Haltung ein. Er begann, Gedanken der Niederlage zu haben, und die Säure der Nutzlosigkeit begann, sich in seinem Gehirn zu verbreiten. Er wurde zum Pessimisten. Er sagte zu sich selbst: »Wenn ich aus diesem Sahnepott ohnehin nicht herauskomme, warum soll ich mich dann noch anstrengen? Wenn ich schon sterben soll, warum dann nicht gleich? Warum dann nicht einfach in Frieden sterben?« In seiner Verzweiflung und Resignation sank er in die Sahne und starb.

Der andere Frosch war aus zäherem Stoff. Er hatte eine andere Ausbildung und entstammte einer Familie unbesiegbarer Frösche. Er war ein Positivdenker. Er sagte zu sich selbst: »Vielleicht sterbe ich, aber wenn ich sterbe, dann werde ich es mit fliegenden Fahnen tun. Ich werde alles Froschmögliche tun, um hier herauszukommen. Wenn ich es aber nicht schaffe, werde ich stolz in der glorreichen Tradition der alten, ehrwürdigen Frösche sterben.«

Nun setzte er seine ganze Kraft daran herauszukommen. Er schwamm herum, er strampelte, er schlug die Sahne auf und machte ein Riesentheater. Schließlich begann er, soliden Boden unter seinen Füßen zu fühlen. Durch sein verrücktes Strampeln hatte er die Sahne zu Butter geschlagen. Seine Beine, die Sahnequirle, fanden wieder Stand, und endlich sprang er siegreich aus dem Topf heraus. In dem Topf befand sich nun feste Butter.

Was hat das mit mir zu tun? mögen Sie fragen. Hier ist

meine Antwort: Der Glauben läßt einen Menschen kämpfen, so daß er der Niederlage gegenüber besonders resistent wird. Hindernisse schrecken ihn nicht mehr. Sie bedeuten für ihn nichts weiter als Stufen, um vom Scheitern zum Erfolg zu klettern.

Kraft und Glauben sind die Worte, die hier angebracht sind. Wenn Sie Ihr Vertrauen in Gott legen und mit nichtendender Energie und Intelligenz bei der Sache bleiben, können auch Sie einen soliden Boden unter Ihren Füßen bekommen, auf dem Sie Ihrem Sieg entgegensteigen. Erziehen Sie deshalb Ihren Geist dazu, nie den Gedanken an die Niederlage anzunehmen. Der passende Satz aus der Bibel inspiriert uns in jeder Situation: »Wenn Gott auf unserer Seite ist, wer kann dann gegen uns sein?« Behalten sie das im Kopf, und es wird Sie lehren, an sich selbst zu glauben!

Sollten Sie einen schwierigen Augenblick durchleben, sagen Sie sich immer wieder: »Wenn Gott auf *meiner* Seite ist, wer kann dann gegen *mich* sein?« Allmählich wird Ihr Geist dem machtvollen Gedanken weichen, so daß Ihr Sich-Ungenügend-Fühlen einer größeren Kraft weicht. Wiederholen Sie diese Formel! Sagen Sie sie immer wieder auf! Bleiben Sie dabei, und Sie werden Resultate bekommen. Der Glauben ist ein wesentliches Mittel, um Kraft, Hoffnung und Wirksamkeit zu erneuern. Er hat einen therapeutisch wirksamen, erneuernden Effekt. Ich könnte viele Fälle zitieren, um den vorhergehenden Satz zu unterstützen. Doch der folgende Vorfall ist für sie alle typisch:

Ein Soldat kam von Übersee nach Hause. Er hatte ein Bein verloren. Die Amputation hatte den Geist des Jungen zutiefst erschreckt. Er lag auf seinem Bett, lächelte nicht und sprach nicht. Er starrte einfach nur die Decke an. Er arbeitete nicht mit, ein künstliches Bein tragen zu lernen. Offenbar lag sein Problem nicht in seinem Körper, sondern in seinem Geist. Er hatte sich in ein so tiefes Gefühl der Minderwertigkeit verkrochen, daß er sich völlig geschlagen gegeben hatte.

Man meinte, ein Besuch daheim könne ihm für eine gewisse Zeit helfen, über seine Depression hinwegzukommen. Er kam aus einer reichen Familie und hatte zu Hause alles, was er brauchte. Seine Familie schien es sogar zu übertreiben. Er wurde vorsichtig in die Wanne gehoben. Man kümmerte sich um ihn und verwöhnte ihn auf jede erdenkliche Weise.

Der Arzt merkte jedoch, daß die überbesorgte Familie aus dem Jungen einen ewigen Invaliden machen würde. Er schickte ihn deshalb in eine Rehabilitationsklinik. Es wurde alles versucht, ihm zu helfen, sich selbst zu helfen und ihm eine andere Haltung seiner Behinderung gegenüber zu geben. Aber nichts zeigte Erfolg. Er lag weiterhin auf seinem Bett, teilnahmslos und unkooperativ.

Eines Tages sagte sich der verzweifelte Arzt: »Ich muß hart zu dem Jungen sein. Ich muß die Mauer, die er um sich herum gebaut hat, durchbrechen. Er muß seine Minderwertigkeitspsychose loswerden, wenn er wieder normal leben soll.« Und zu dem jungen Mann: »Soldat, wir werden dich jetzt nicht mehr verwöhnen oder dich irgendwohin schleppen. Wach auf, wir können nichts mehr für dich tun, wenn du dich nicht endlich öffnest. Es tut uns allen leid, daß du dein Bein verloren hast. Aber es gibt auch andere Männer, die ihr Bein im Krieg verloren haben, und sie haben das ganz anders aufgenommen. Außerdem kann ein Mann im Leben glücklich sein und eine erfolgreiche Karriere zustande bringen, auch wenn ihm ein Bein, ein Arm oder ein Auge fehlt.«

Auch dieses Gespräch schien den Jungen nicht zu berühren. Schließlich tat der Arzt unbewußt etwas Seltsames, etwas, das ihn selbst erstaunte. Er war kein besonders religiöser Mensch und hatte bisher so gut wie nie in seinem Amt Religion erwähnt. Doch an diesem Tag schrie er in seiner Verzweiflung den Jungen an: »Schon gut, schon gut, wenn du niemandem von uns erlauben willst, dir zu helfen, wenn du so stur bist, daß du dir noch nicht einmal selber helfen möchtest, dann, dann – dann möge dir Gott helfen. Steh auf und leg dieses künstliche Bein an. Du weißt genau, wie man das macht.« Damit verließ er das Zimmer.

Man berichtet, daß der Junge wenige Stunden später aufgestanden ist, sein künstliches Bein angeschnallt hat und umherging. Der Arzt sagte, es sei einer der aufregendsten Augenblicke seiner medizinischen Erfahrung gewesen, als er einige Tage später den Jungen mit einer Freundin durch den Garten gehen sah.

Als der Soldat später aus dem Krankenhaus entlassen worden war, besuchte er den Arzt. Dieser wollte ihm noch einige Ratschläge geben, doch der junge Mann meinte nur: »Schon gut, Doktor, ich erinnere mich an die Medizin, die Sie mir an jenem Tag verschrieben haben. Damit werde ich wohl ganz gut zurechtkommen.«

»Welche Medizin?« fragte der Arzt.

»Erinnern Sie sich nicht, mir an jenem Tag gesagt zu haben, Gott möge mir helfen? Diese Worte veränderten etwas in mir. Auf einmal kam mir der Gedanke, daß ich es vielleicht doch schaffen könnte.«

Als der Arzt mir diese Geschichte erzählte, klopfte er mit seinem Bleistift nachdenklich auf seinen Schreibtisch. »Was in diesem Jungen vorgegangen ist, kann ich nicht erklären. Doch ich weiß, auf irgendeine spirituelle Weise war dieser Junge plötzlich frei. Sein Geist wechselte aus dem Stadium des Geschlagenseins zu einem Stadium persönlicher Macht. In seinem Glauben scheint große Kraft zu liegen.«

Wie recht er hat! Benutzen Sie Ihren religiösen Glauben – und Sie brauchen kein besiegter Mensch mehr zu sein. Ihr Geist wird neu konditioniert werden und statt negativer positive Reaktionen zeigen. Er wird Ihnen ermöglichen, was vorher unmöglich schien. Wenn Sie verbunden mit Gott leben, verwandelt sich Ihr Minderwertigkeitsgefühl in Kraft. Die Unmöglichkeit wird zur Möglichkeit.

Wenn Sie einen Minderwertigkeitskomplex überwinden wollen, sollten Sie die vorgeschlagenen Techniken nicht unterschätzen, nur weil sie Ihnen vielleicht so einfach scheinen. Ihr Sinn ist, unsere Gedankenrichtung zu verändern. Minderwertigkeit ist eine Krankheit der Gedanken, und jede Formel, die dieses Muster verändert, darf angewendet werden.

Angst und Glauben sind, wie wir schon angedeutet haben, die beiden größten, gegeneinander kämpfenden Mächte, die um die Kontrolle unseres menschlichen Geistes ringen. Vergessen Sie jedoch nie: Der Glauben ist stärker als die Angst.

Wiederholen Sie sechsmal am Tag die folgenden Worte, lassen Sie Ihren Geist davon ganz gesättigt sein. Wenn Sie sich mit einer schwierigen Situation konfrontieren müssen, sagen Sie einfach zu sich selbst: »Gott ist mit mir. Ich bin in der Lage, mit der jetzigen Krise fertig zu werden.«

Einer meiner Freunde, ein erfolgreicher Geschäftsmann namens Jerry Henderson, praktiziert diese Technik. Mit ein paar Freunden war er in den Rocky Mountains beim Klettern und Skifahren. Kurz vorher war einer der berühmtesten Skilehrer in einer Lawine umgekommen; die Gefahr für weitere Lawinen schien noch nicht gebannt zu sein.

Hendersons Gruppe machte sich daran, den *White Eagle* zu erklettern. Sie stiegen den ganzen Morgen auf, und um die Mittagszeit waren sie schon auf über 3000 Meter angekommen. Nun tat sich ein gefährlicher Grat vor ihnen auf.

»Rufen Sie nicht, pfeifen Sie nicht, erheben Sie auch nicht Ihre Stimme, denn das könnte eine Lawine auslösen!« warnte ihr Führer. Danach ließ er sie sich mit einer roten Leine anseilen.

»Bindet dies um eure Taille«, sagte er. »Wenn eine Lawine herunterkommt, schüttelt eure Skier ab, werft eure Stöcke weg und beginnt zu schwimmen, als wäret ihr im Wasser. Dies bringt euch nach oben. Wenn die Lawine euch begräbt, dann wird diese rote Leine herausschauen, und wir können euch finden.«

In der Gruppe war auch ein zwanzigjähriges Mädchen, das immer ängstlicher wurde. Sie begann zu wimmern und sagte zu Jerry: »Ich habe schreckliche Angst. Ich kann's einfach nicht.«

Er fühlte sich zwar selber auch nicht so sicher, aber Henderson glaubt und übt die großen Worte aus der Bibel. Daher wandte er sich an das zitternde Mädchen und sagte ganz ruhig: »Der Herr hat dein Leben lang auf dich aufgepaßt, nicht wahr? Glaubst du daran oder nicht?«

»Doch«, schluchzte sie.

»Kannst du dich dann nicht auch während der nächsten zwanzig Minuten einfach auf Ihn verlassen?« fragte er.

Und plötzlich veränderte sich das Gesicht des Mädchens. Sie schaffte den Abstieg wunderbar und nahm ihren Platz in der langen geschmeidigen Linie der Skiläufer ein, die einander in gleichmäßigen Abständen folgten. Sie fuhr jubelnd hinab und hatte das Gefühl, einen wunderbaren Sieg über sich selbst errungen zu haben. Sie hatte das Geheimnis erfahren, mit dem man das Gefühl, minderwertig zu sein, los wird.

4
So finden Sie einen Ruhepol im Leben

Hoher Blutdruck ist eine der häufigsten Krankheiten unserer Industriegesellschaft. Es gibt kaum einen Erwachsenen, der nicht den Arzt ängstlich betrachtet, während dieser seinen Blutdruck mißt. Einen Blick in die Todesanzeigen der Tageszeitungen, und man kann feststellen, wie oft hoher Blutdruck, Angina pectoris oder andere Krankheiten, die mit hohem Blutdruck zusammenhängen, die Todesursache sind. Viele Herzinfarkte werden auf zu hohen Blutdruck zurückgeführt. Für viele nervöse und aufgedrehte Menschen ist das Leben ein ständiger Streß.

Sorgen, Angst, Anspannung, Überarbeitung, Mangel an Ruhe, Nikotin, Alkohol, falsches Essen, Übergewicht – all dies läßt den Blutdruck gefährlich ansteigen. Fünfundzwanzig Prozent all der Todesfälle von Männern über fünfzig sind auf den Bluthochdruck zurückzuführen.

Einer der Hauptgründe der Anspannung ist die mentale Desorganisation. Ein Geist, der in ständiger Verwirrung ist, wird sich immer überlastet fühlen. Ein ungeordneter mentaler Zustand bedeutet nicht nur Verwirrung, sondern natürlich auch Anspannung. So ein Geist geht leichtfertig mit Problemen um, über die er nie eine Entscheidung trifft. Er springt nervös von einer Schwierigkeit zur anderen, kommt nie zu einem Schluß und merkt oft auch gar nicht, wie ernsthaft die Angelegenheit ist, um die es sich handelt. Und so werden Entschlüsse immer aufgeschoben. Was ist das Resultat? Der Verstand gibt auf und ruft verzweifelt: »Ich kann nicht mehr« – einfach nur, weil er nicht mehr organisiert ist. Er ist irgendwie verstopft und *scheint* deshalb überwältigt zu sein.

Der Verstand hat in dieser Situation eine ähnliche Reaktion wie ein Körper, der zittert. Man zittert, wenn man plötzlich aus der Wärme in die Kälte kommt. Der Körper versucht, sich schnell an den plötzlichen Temperaturwechsel anzupassen. Man hat ausgerechnet, daß man während einer halben Minute Zittern soviel Energie verschwendet wie in vielen Stunden Arbeit. Damit nimmt die Kraft plötzlich ab. So geschieht es auch mit dem Verstand, wenn man nicht die grundlegenden Prinzipien mentaler Organisation anwendet.

Erlangen Sie die ruhige, selektive Fähigkeit, eine Sache nach der anderen zu tun und sich auf sie zu konzentrieren! Beenden Sie eine Sache, bevor Sie zu der nächsten übergehen.

Wir erhalten täglich eine große Menge Post. Wir gehen davon aus, daß jeder Brief beantwortet wird. Früher kam ich in mein Büro, fand immer einen großen Stapel Briefe – und war sofort bedrückt! Wenn ich allein an die Arbeit dachte, mir Antworten auf all diese Briefe auszudenken, fing mein Inneres zu jammern an. Das war die »Es-ist-einfach-zuviel«-Reaktion. Dann lernte ich, daß ich die Briefe beantworten konnte, wenn ich auf jeden einzelnen bei seiner Ankunft gleich zurückschrieb. Es erübrigt sich fast, einen Brief zu beantworten, den man zwei Wochen lang liegengelassen hat.

Es gibt nur eine Art, einen Stapel Briefe abzuarbeiten. Man nehme das erste Schreiben in die Hand, denke sich eine Antwort aus und diktiere diese sofort herunter. Wenn man dazu Information braucht, die man nicht sofort bekommen kann, diktiere man ein Memorandum und lege den Brief in einen dafür gedachten Kasten. Wenn man aus irgendeinem Grund nicht sofort antworten kann, lege man den Brief in einen Kasten für aufgeschobene Angelegenheiten. Aber man schiebe sie bloß nicht zu lange auf! Jeder Brief muß beantwortet werden. Man soll ihn nicht zögernd weglegen, nur um ihn immer wieder ziellos aufzunehmen. Wenn man das tut, werden die Briefe sich stapeln, bis der Schreibtisch zum Alptraum wird. Spätestens dann wird Ihr Verstand Ihnen einreden, daß Sie Ihrem Job nicht gewachsen sind. Und wenn Sie lange so weitermachen, bekommen Sie möglicherweise einen Nervenzusammenbruch.

Wenn Sie Ihren Geist organisieren, werden Sie ein Gefühl der Macht bekommen. Sie werden sich wundern, mit welcher Leichtigkeit Sie Verantwortung übernehmen können. Ihre Arbeitsfähigkeit wird anwachsen, genau wie Ihre Freude an Ihrer Arbeit. Anspannung und Druck werden nachlassen.

Es ist allerdings wichtig, eine entspannte mentale Haltung aufmerksam und regelmäßig zu üben. Mühelose Leichtigkeit ist die beste Art, großartige Resultate mit der geringsten Anspannung zu erreichen. Sportler wissen, daß zu intensives Training sie zurückwirft. Die feine Koordination, die große Sportler kennzeichnet, findet nach dem Prinzip der Gelassenheit statt. Sie nehmen nicht an einem Wettspiel teil, um einen Rekord zu brechen oder um in die Schlagzeilen zu kommen. Sie spielen das Spiel, weil sie es mögen. Sie sind wach. Ihnen ist die Mannschaft wichtiger als sie selber. Sie spielen das Spiel in aller Natürlichkeit und so gut sie irgendwie können.

Woran immer Sie auch arbeiten mögen – ob Sie Bücher schreiben, Kinder lehren, ein Geschäft führen, für die Familie kochen, in einer Fabrik arbeiten, ein Feld pflügen oder predigen – machen Sie das Beste aus Ihrem Job! Arbeiten Sie hart. Drücken Sie sich vor nichts. Erledigen Sie alles nach Ihrem eigenen Tempo! Bleiben Sie entspannt. Seien Sie nicht zu sehr um Wirkung bemüht. Überspannen Sie sich nicht, um erfolgreich zu sein. Verrichten Sie Ihren Job mit aller Natürlichkeit, weil Sie ihn mögen. Dann werden Sie auch erfolgreich sein.

Diese grundlegende Wahrheit lernte ich von einem Gepäckträger auf dem Bahnhof von Chicago. Ich war auf meinem Weg in den Westen und mußte noch drei »wichtige« Anrufe zwischen den beiden Zügen erledigen. Mein Zug aus New York verspätete sich immer mehr. Ich spazierte auf dem Korridor auf und ab und haderte, bis ich nahe am Rotieren war. Schließlich fuhr der Zug in den finsteren, höhlenartigen Bahnhof ein. Ich sprang als erster aus dem Zug und bekam zum Glück einen Gepäckträger, denn ich hatte zwei schwere Koffer.

»Bitte bringen Sie diese Koffer so schnell wie möglich zum Zug«, wies ich ihn an. »Ich bin furchtbar in Eile.«

Ich rannte, so schnell ich konnte, den Bahnsteig hinunter. Ich merkte, daß er mir nicht folgte und drehte mich ungeduldig um: »Los, ich komme zu spät!« Doch da stand er und schaute mich ruhig an.

»Was soll denn die ganze Hetze, Bruder?« fragte er. »Dadurch schaffen Sie auch nicht mehr Zeit. Gehen Sie schon voraus, und ich komme hinterher. Ich brauche keine zwei Minuten länger als Sie.« Ich folgte ihm und ging etwas langsamer neben seinem Gepäckwagen her. Er wandte sich mir zu und lächelte mich an. Dann sagte er: »Ich jedenfalls lebe ganz ruhig vor mich hin. Nehmen Sie's nicht so schwer, Boß. Sie können doch in so kurzer Zeit so viel tun, wenn Sie sich nicht so anstrengen. Und außerdem leben Sie dann auch länger!«

»Danke, mein Freund«, sagte ich eher niedergeschlagen. »Ich bin zufällig Pfarrer und werde über diesen Gedanken vor meiner Gemeinde predigen. Gehen Sie in die Messe?«

»Na klar! Ich versuch' auch zu praktizieren, was ich da höre.«

Also wurde ich langsamer, tätigte meine Anrufe und hatte sogar noch Zeit übrig. Aber ich war müde, als ich weiterfuhr. Ich hatte viel von meiner Energie, die ich für diesen Tag gebraucht hätte, durch meine nervöse Anspannung verloren.

Am besten entspannt man sich und nimmt es leicht. Versuchen Sie, es leicht zu nehmen, und Sie werden staunen, wie einfach der Erfolg kommt.

Es ist wichtig, die Energie ständig aufrechtzuerhalten. Und auch bei diesem Thema kommt Gott ins Spiel. Wenn man die Messe besucht und die Techniken spirituellen Lebens ausübt, kommt man mit dem grundlegenden Energiefluß, den wir auch Macht Gottes nennen können, in Berührung. Das Neue Testament sagt: »In Ihm leben wir, in Ihm bewegen wir uns und in Ihm sind wir.«

Gott hat den Menschen nicht erschaffen, um ihn dann sich ganz selbst zu überlassen. Er schenkt die Möglichkeit einer beständigen Wiedererschaffung oder Erneuerung. Wenn man Methoden benutzt, um wieder die Verbindung mit Gott aufzunehmen, erneuert die spirituelle Energie die Kraft der Seele, des Geistes und des Körpers. Eine elektrische Uhr wird automatisch vom Strom angetrieben. Auf ähnliche Weise werden Menschen wieder erschaffen, die einen engen spirituellen Kontakt bewahren. Es ist die natürliche Art zu leben.

Die Bedeutung der Möglichkeit, daß ein Mensch seine Persönlichkeit so sensibilisieren und einstimmen kann, daß automatisch seine Kraft erneuert wird, ist eine Erfahrung wert. Ich kenne einen Geschäftsmann, dessen Unerschütterlichkeit, innerer Friede und Ruhe beeindruckend sind. Doch gerade er gestand mir, daß Anspannung sein größtes Problem war. Er hatte jedoch eine geeignete Technik gefunden, ohne Anspannung zu leben.

»Ich muß mindestens zweimal am Tag erneuert werden«, erklärte er. »Ich ziehe mich um elf Uhr morgens in mein privates Büro zurück, gerade zu der Zeit, wenn man beginnt, ein bißchen nachzulassen. Dort meditiere ich zwei Minuten lang; um vier Uhr, während des Nachmittagstiefpunktes, wiederhole ich die Meditation nochmals.«

Diese kurze Meditation ist nicht wie ein übliches Gebet. Der Mann erlaubt in diesen Augenblicken seinen Gedanken, in Gottes Frieden zu verweilen. Er affirmiert Gottes Gegenwart. Er stellt sich vor, wie spirituelle Kraft in sein Wesen hineinfließt. Er ist überzeugt, diese tägliche Übung sei den Aufputschmitteln, auf die er sich früher verlassen hatte, weit überlegen.

Manchmal sind persönliche Haltungen die Ursache innerer Anspannungen. Ein Mann erzählte mir, er würde gerne seine zwei Wochen Urlaub von seiner Arbeit gegen zwei Wochen Urlaub von sich selbst eintauschen. Das geht leider nicht. Wir müssen mit uns selbst leben, ob wir mögen oder nicht. So ist es also sinnvoll, wenn wir lernen, es zu mögen.

Einer meiner Freunde hatte es sehr schwer mit sich. Alle Menschen irritierten ihn. Er kam jeden Morgen mit einem Nahbereichszug in die Stadt, und schon die Menschen in dem Zug gingen ihm auf die Nerven. Die Nachrichten, die er in der Zeitung las, machten ihn verrückt. Er war voller Ressentiments, nicht nur gegen Menschen, die er kannte, sondern auch gegen fremde. Er frühstückte in einem geschäftigen, vollen Restaurant in der Innenstadt. Und auch dort störten ihn alle Leute um ihn herum. »Was ist mit den Menschen heutzutage los?« klagte er.

Schließlich entdeckte er, daß nicht die Menschen, sondern er selbst die Ursache seiner Irritation und Anspannung war. Er haßte nicht die anderen, er haßte sich selbst. Er hatte ein sensibles und verwundetes Wesen. Er war ein Bündel von Gegensätzen, gruppiert um seine Unzufriedenheit mit sich selbst. Natürlich machte es ihm so keine Freude, mit sich selbst zu leben.

Es gibt heute viele solche Menschen, arme Seelen. Aber es kann auch für diesen unglücklichen Zustand eine Antwort geben.

Dieser Mann fand sie. Er konnte sich selbst nicht ändern. Und so bat er Gott, ihn zu ändern. Er begann, die Haltung Christi den Menschen gegenüber zu üben. Allmählich stellte er fest, daß Menschen und Dinge ihn nicht mehr so irritierten. Er begann sogar, die Menschen zu mögen. Sie schienen ihm jetzt anders, doch eigentlich war *er* es, der anders geworden war. Wenn wir den anderen gegenüber freundlich eingestellt sind, verändern auch die anderen ihre Haltung uns gegenüber! Jetzt genießt er das Leben, weil er sich selbst genießt.

Und so finden Sie zu Gleichgewicht und Ruhe: Als erstes entspannen Sie Ihren Körper. Erlauben Sie Ihrem Kopf, auf die Kopflehne Ihres Sessels zurückzusinken. Lassen Sie ihn leicht zurückfallen, keinesfalls starr, sondern so, als fiele er von Ihren Schultern herunter. Strecken Sie dann Ihre Füße so weit wie möglich von sich, und Ihre Zehen noch weiter, so weit, wie Sie sie nur irgendwie ausstrecken können. Erheben Sie die Arme und lassen Sie sie ganz natürlich und schlaff an Ihre Seiten fallen. Erlauben Sie Ihrer Hand, auf Ihr Knie zu sinken. Sitzen Sie locker auf dem Stuhl, jeder Muskel entspannt, und erlauben Sie ihm, Ihr volles Gewicht zu tragen. Wenn man den Stuhl unter Ihrem Körper fortziehen würde, fielen Sie jetzt unbeweglich zu Boden.

Nachdem Sie den Körper entspannt haben, entspannen Sie den Geist. Wir besitzen alle eine herrliche Gabe namens Phantasie. Mit ihrer Hilfe können wir uns Hunderte von Kilometern, über Berge und Meere entfernen und innerhalb eines Augenblicks wieder an Ort und Stelle sein. Sie ist ein echter fliegender Teppich. Phantasie kann uns eine Woche Urlaub schenken, ohne daß wir ein Ticket kaufen oder das Haus verlassen müßten.

Stellen Sie sich vor, Sie seien in den Wäldern des Nordens und säßen friedlich da, den Rücken an einen Baum gelehnt. Die Luft riecht nach Pinien und Zedern. Alles ist still, Sie hören nur die natürlichen Laute des Waldes. Vor Ihnen liegt ein See, sein blaues Wasser regungslos, gelegentlich durch den Sprung eines Fisches durchbrochen. Sie schauen sich die Bäume an und sehen in der Ferne große Berge, die sich in einem geheimnisvollen blauen Nebel verlieren und sich im Himmel auflösen. Das Sonnenlicht fällt weich und warm durch die Bäume und tanzt auf dem Wasser des Sees.

Als ich selbst diese Entspannungsmethode befolgte, wurde nicht nur mein Körper plötzlich ruhig, sondern Stille drang auch in meinen Geist. Er entspannte sich, weil er momentan von all den Problemen fortgetragen wurde. Diese Probleme machten es ihm unmöglich, rational zu funktionieren und die Gedanken zu sammeln. All dies fand in einem flüchtigen Augenblick statt.

Ein kurzes Gebet inmitten des bewegten Alltags hat ähnliche Effekte. Wir müssen uns nicht niederknien, um zu beten, obwohl auch diese Demutshaltung hilfreich sein kann. Orientieren Sie einfach Ihre Gedanken zu Gott hin! Damit öffnen Sie Ihm Ihren Geist. Den Rest »erledigt« Er selber.

Das dritte und letzte Element dieses Prozesses ist die Entspannung der Seele. Diese Methode ist einfach. Entspannen Sie Ihre Seele durch die Praxis spirituellen Denkens. Denken Sie an Gott. Denken Sie an Gott, wie auch immer Er für Sie am verständlichsten ist. Die Menschen haben viele verschiedene Vorstellungen von Gott. Wenn der Name Gott ausgesprochen wird, macht sich jeder sofort sein eigenes Bild von Ihm. Doch denken Sie an Gott in Form Seiner Freundlichkeit, Seiner liebevollen Sorge, Seines Mitgefühls und Verständnisses. Benutzen Sie unter anderem diese Zeile aus Jesaja dazu »Er wird vollendeten Frieden haben, Dessen Geist auf dich gerichtet ist.«

Die meisten Menschen leiden unter Spannungen, weil sie im Geiste erstarren und ihn nicht auf Gott richten, sondern auf die viel tiefere Ebene ihrer persönlichen Probleme und Ängste.

Wiederholen Sie andere heilende Sätze im stillen wie: »Ich gebe dir Frieden, nicht wie die Welt ihn dir gibt. Laß dein Herz nicht besorgt sein und hab keine Angst.« Oder: »Kommet zu mir, die ihr mühselig und beladen seid. Ich will euch erquicken.«

Gott hat in der Vergangenheit über Sie gewacht. Sie können sich auf Ihn verlassen, jetzt und zukünftig.

Nach dieser Erfahrung fühlte ich sofort Lust zu schlafen. Mein Körper war ausgeruht, Muskeln und Nerven waren still. Ich merkte, wie die Sorgen von meinem Geist gehoben wurden, wie die Spannung vorüberging. Tief im Inneren fühlte ich Frieden.

Dieser Prozeß ist aber nicht nur zum Einschlafen da. Er ist auch eine Formel, die Sie während des hektischen Teils Ihres Tages anwenden können. Damit entziehen Sie sich nicht seinen Verantwortungen. Man vergrößert seine Fähigkeit zu arbeiten. Die Kraft kommt aus der Stille.

»Im Herzen des Zyklons, der den Himmel zerreißt, gibt es einen Ort zentraler Ruhe.«

Wenn Sie diese Übungen öfters praktiziert haben, werden Sie immer weniger Zeit dafür brauchen. Modifizieren oder erweitern Sie diese Technik, wie sie zu Ihnen persönlich am besten paßt. Und Sie werden völlige Entspanntheit lernen.

5
Denken Sie Ihren Weg zum Erfolg!

»Wo bekommen Sie Ihre erfolgreichen Ideen her?« fragte ich einen bekannten Geschäftsmann.

»Üben, in einem kleinen Raum«, antwortete er. »Möchten Sie ihn gerne sehen?« Er führte mich in ein kleines Zimmer, das nur mit einem Tisch und zwei Stühlen möbliert war. Einfache, aber geschmackvolle Vorhänge hingen an den Fenstern. An den Wänden hingen zwei Bilder, eines vom schneebedeckten Matterhorn; das andere zeigte einen schnellen, sonnenbestrahlten Forellenbach. »Beide Bilder verkörpern Frieden für mich. Das eine zeigt stillen, das andere beweglichen Frieden. Beide Aspekte sind für die Betrachtung des Friedens notwendig.«

Auf dem Tisch lagen ein Schreibblock, einige Bleistifte und eine Bibel. »Hier bekomme ich meine Ideen her«, sagte er. Jeden Tag vor dem Abendessen verbrachte er einige Zeit in diesem Zimmer. Niemand störte ihn dort. Er setzte sich in den Sessel und entspannte bewußt seinen Körper, indem er seine Füße fest auf den Boden stellte, seine Hände erhob und sie locker an den Seiten fallen ließ. Dasselbe tat er mit seinen Füßen. Er entspannte auch seine Augenlider, indem er sie ein halbes Dutzend Mal so kraftlos wie möglich sinken ließ.

Danach las er in der Bibel und suchte sich Passagen aus, die von Ruhe, Ausgeglichenheit und innerem Frieden handelten. Er wußte, wo er diese schnell finden konnte. Und ich sah, daß sie alle unterstrichen waren. Seine liebste Passage war: »Laß diesen Geist in dir sein, der du auch in Jesus Christus bist.« (Phil. 2,5)

Der nächste Schritt bestand für ihn darin, ein bestimmtes Problem, in das er Einblick haben wollte, niederzuschreiben, gleichgültig, ob privater oder geschäftlicher Natur. Wenn er das Papier zur Seite legte, konnte er an alle Aspekte denken, die mit diesem Problem zu tun hatten.

Der letzte Prozeß war eine Art von Gebet: »Gott, ich fühle mich in Körper und Geist entspannt. Mein Verstand ist nicht groß genug, um die Verwicklung und Verzweigung meiner Anliegen zu verstehen. Ich habe versucht, dieses Problem zu untersuchen. Ich bitte Dich, mir jetzt einen Einblick und genug Verständnis zu geben, daß ich den richtigen Weg einschlagen möge.«

Danach verließ er den Raum und verbrachte den Abend lesend oder im Gespräch mit Freunden. »Die gewünschte Antwort mag mitten in einem Gespräch auftauchen. Oder vielleicht wache ich auch nachts auf, und die Antwort steht deutlich vor mir. Manchmal muß ich diesen Prozeß mehrfach wiederholen, aber wann immer ich diesen Prozeß vollführt habe, kommt ganz bestimmt die richtige Antwort auf mein Problem. Die Antwort ist nicht immer, was ich erwartet oder erwünscht habe, aber schließlich war sie doch immer die richtige.«

Dieser Mann hatte gelernt, kreativ zu denken. Seine emotionalen, spirituellen und intellektuellen Energien verbanden sich, um Ideen zu finden, die gesund und praktisch waren.

Wir alle müssen praktische Denktechniken kultivieren, denn die Macht der Gedanken ist eine unserer größten Fähigkeiten. Ihr Leben, mein Leben werden nicht durch die äußeren Umstände bestimmt, sondern durch die Gedanken, die normalerweise Ihren Geist besetzen. Sie erschaffen durch Ihre Gedanken Ihre eigene Welt. Irgend jemand sagte einmal: »Ein Mensch ist, was er ißt.« Eine noch tiefere Wahrheit ist: »Ein Mensch ist, was er denkt.« Das weiseste aller Bücher sagt: »Wie er in seinem Herzen denkt, so ist er.« Ein Mensch wird zu dem, was er gewohnheitsmäßig in seinem Bewußtsein und in seinem Unterbewußtsein denkt.

So erlauben einige Menschen der Angst, zum primären Gedanken zu werden. Angst beginnt normalerweise als dünner Faden, der über den Geist kriecht. Über längere Zeit hinweg wird sie zur Gewohnheit, bis sie einen tiefen Kanal in das Bewußtsein gräbt. Jeder Gedanke, den der Mensch dann denkt, wird von dem grundlegenden Gedanken der Angst gefärbt und äußert sich in Furcht und Unsicherheit. Gleich, wie sehr er dem Gedanken der Angst anfangs auch widersteht, er kann ihm nicht auf Dauer ausweichen, denn er *ist,* was er den ganzen Tag lang denkt. Er ist ein Mensch der Angst.

Es ist wichtig, einen anderen, stärkeren Gedanken an die Stelle der Angst zu setzen. Der einzige Gedanke, der Angst erfolgreich entgegenwirkt, ist Glaube oder Positives Denken. Nur der Glaube ist der Angst dauerhaft gewachsen.

Doch wie entwickelt man Glauben? Man affirmiert das Positive Denken. Auch der Glauben beginnt als dünnes Gerinnsel, das durch den Geist fließt. Erst durch ständige Wiederholung wird er zur Gewohnheit. Er gräbt sich tief in das Bewußtsein ein, bis wir schließlich zwei grundlegende Gedankenkanäle besitzen: einen aus Angst, den anderen voller Glauben. Doch die Angst kann den Glauben nie besiegen. Während der Glaubenskanal größer wird, trocknet der Angstkanal allmählich aus. Der Glaubensgedanke fließt und wird zum entscheidenden Grundgedanken des Geistes. Dann wird jeder Gedanke, den Sie über sich selbst, Ihre Zukunft, Ihr Geschäft, Ihre Familie oder die Welt denken, durch den Glauben berührt. Er leuchtet damit auf, strahlt, wird optimistisch und positiv.

Als Resultat Ihrer neuen und positiven Art zu denken, werden Sie lernen, in sich selbst zu vertrauen. Jetzt sind Sie der tiefen und positiven Überzeugung, daß das Leben gut ist. Schatten, die Sie einst erschrecken konnten, und Hindernisse, die Sie erschreckten, verschwinden. Sie mögen physisch noch derselbe Mensch sein, aber im Geiste leben Sie in einer anderen Welt. Ja, Sie *sind* ein anderer Mensch, weil Sie anders denken; jetzt aber geben Ihnen Ihre Gedanken Kraft und führen Sie zu Freude und Erfolg.

Ärzte unterstreichen heute die psychosomatische Medizin. Sie studieren die Wirkung der Gedanken oder Gefühle auf den Körper. Ein Arzt sagte einmal, er hätte keine Schwierigkeiten, seine Patienten zu heilen, wenn er nur während der Krankheit ihre Köpfe »abschneiden« könnte. Tatsächlich würden sich die chemischen und organischen Bedingungen oft von selber einpendeln, gäbe es kein falsches Denken. Jeder Mensch sollte eigentlich regelmäßig seine Gedankenprozesse untersuchen lassen. Ein kluger Mann läßt seinen Körper untersuchen, um physisch gesund zu bleiben. Warum nicht auch ein geistiges Check up machen? Der Geist ist ebenso wichtig wie der Körper – wenn nicht wichtiger, denn der Körper wird von ihm entscheidend bestimmt.

Die Kirche mag als eine Art Koordinierungszentrum dienen, wo der Mensch seinen Kopf zur »Inspektion« abgeben kann und ihn dann wieder an die richtige Stelle gesetzt bekommt.

Ein Beispiel aus meiner Praxis dazu. Ein Geschäftsmann kam in unsere Kirchenklinik. Er war ein erfolgreicher Mann, konnte aber nur durchhalten, weil er all seine Energien mit ganzer Kraft zusammenhielt. In Wirklichkeit fühlte er sich völlig erschöpft, hatte weder Kraft noch Schwung.

»Was brauche ich?« fragte er mich.

»Mentale Konditionierung«, antwortete ich.

»Was ist das?« wollte er erstaunt wissen.

»Das ist ein Prozeß, durch den der Geist aufgefrischt wird.«

Er erzählte mir, er sei vor elf Uhr morgens zu nichts nutze. »Es ist mir furchtbar schwer aufzustehen. Ich bin dann unleidlich und schlecht gelaunt. Nach elf geht es mir einige Stunden lang etwas besser.«

»Wann stehen Sie denn auf?«

»So gegen neun. Ich habe eine tolle Frau. Sie bringt mir das Frühstück ans Bett.«

»Nein, wie reizend! Sie kommt rein und tröstet Sie mit den Worten: ›Wie geht es dir, mein armer Liebling?‹ «

»Ja, genau, wie wußten Sie das?«

»Und Sie, was tun Sie darauf? Sie stöhnen: ›Oh, ich fühle mich so schrecklich!‹ Dann legt sie ihre sanfte Hand leicht auf Ihre Stirn und sagt: ›Es ist schon gut, mein Liebling. Bleib ruhig liegen, und ich bringe dir das Frühstück.‹ «

»Ja, genau das tut sie. Ist das nicht wunderbar?«

»Sie haben keine Frau, sie benimmt sich wie Ihre Mutter und behandelt Sie wie ein Baby.«

»Mein Arzt meint, mit mir sei nur physisch etwas nicht in Ordnung«, fuhr er fort. »Er sagt mir, ich sei ein Opfer von Selbstmitleid, ein Resultat falschen Denkens.«

»Ihr Arzt hat recht, Sie müssen Ihren Geist neu konditionieren. Ich schlage Ihnen vor, zu beten und um Kraft zu bitten – und dann glauben Sie daran, daß Ihnen die Kraft gegeben wird! Wenn Ihre Frau morgen früh in Ihr Zimmer kommt und sich nach Ihrem Befinden erkundigt, geben Sie ihr eine kraftvolle, gesunde Antwort. Sagen Sie ihr: ›Ich fühle neue Kraft – mit Gottes Hilfe geht es mir gut.‹ Stehen Sie dann auf und rasieren Sie sich singend.«

»Sie würde einen Herzanfall bekommen.«

»Gehen Sie dann runter und nehmen Sie Ihr Frühstück bei Tisch ein. Machen Sie sich um neun auf den Weg zu Ihrem Büro.«

»Es macht mich schon müde, daran überhaupt zu denken.«

»Es sind Ihre Gedanken, die Sie erschöpfen. Aber Sie werden nicht müde sein, wenn Sie sich vorstellen, daß Gottes Energie auch die Ihrige ist.«

Ich sah ihn eine lange Zeit nicht mehr. Dann traf ich ihn eines Tages auf der Straße.

»Erinnern Sie sich, was Sie mir von dieser mentalen Konditionierung erzählt haben? Den ganzen Tag damals dachte ich: ›Dieser Peale ist ein Esel. Von wegen mentaler Konditionierung und Affirmieren!‹ Aber dann begann ich mir zu überlegen, daß es mir vielleicht doch nicht so schlecht ging, wie ich dachte. Wenige Tage danach war ich sicher, daß es mir besser ging, und ich beschloß, Ihren Vorschlag auszuführen. Meine Frau kam herein und sagte: ›Wie geht es dir?‹ ›Prima‹, antwortete ich. ›Toll!‹ Ich sprang aus dem Bett, wirbelte meine Frau durch die Luft, küßte sie und ging dann singend zum Rasieren. Nie haben

Sie solch einen Ausdruck des Erstaunens auf einem Gesicht gesehen! Ich verlebte einen guten Tag, und seitdem praktiziere ich Ihre Idee. Wenn sich ein negativer Gedanke einschleicht, affirmiere ich, daß Gott meinen Geist mit Frieden und Kraft durchflutet.«

Viele Menschen entwickeln defätistische Denkgewohnheiten, die sie unglücklich machen. Ihr Glück wird durch ihr Denken frustriert. Die Dinge werden anders sein, sobald Sie anders denken! Wenn Sie deprimierende Gedanken überfallen, dann sagen Sie sich: »Ihr alten, niederträchtigen und deprimierenden Niederlagengedanken, verschwindet! Ich kann euch besiegen. Ich affirmiere, daß Gottes Kraft in mir ist.« Sprechen Sie mit Ihren Gedanken. Erneuern Sie Ihren Geist, und das Leben wird sich ändern.

Es ist wichtig, Gedankenprozesse in guter Form zu halten, denn in Ihrem Geist befinden sich alle Einzelteile, die für den Aufbau Ihrer Karriere von Bedeutung sind. Vermeiden Sie Verwirrung in Ihrem Geist – und Ihnen werden alle kreativen Gedanken zur Verfügung stehen! Ihr Geist wird sie Ihnen im rechten Augenblick übermitteln, und Ihre intellektuelle Ausrüstung bleibt in gutem Zustand.

Um Erfolg zu haben, ist es wesentlich, originell und kreativ zu denken. Der Durchschnittsmensch traut seinem Geist nicht zu, für ihn die Ideen zu erschaffen, die er braucht. Firmen beginnen allmählich die Bedeutung kreativen Denkens zu erkennen und haben in einigen Fällen einen Menschen allein zum Denken angeheuert. Es handelt sich dabei nicht um Forscher, sondern um Denker. Ihr Job ist es, das Geschäft zu studieren, es in ihrem Geist präsent zu haben und sich dann auch darauf zu verlassen, frische und kreative Ideen hervorzubringen.

Wenn Sie ehrliche und gründliche Arbeit leisten, ist der nächste Schritt, sich zu entspannen und dem Geist zu vertrauen. Verlassen Sie sich darauf, daß er das vorhandene Material gut sortiert! Er wird Einblicke und Lösungen für Ihre Probleme finden. Die beste Art des Denkens ist die unbewußte, *nachdem* man sich bewußt darauf vorbereitet hat. Professor Brand Lanshard, Professor für Philosophie in Yale und früherer Präsident der *Amerikanischen Philosophischen Gesellschaft*, erzählte uns, Schriftsteller benützten oft diese Art unbewußten Denkens.

Milton brütete beispielsweise lange Zeiten über einem Thema und schrieb sich nichts auf. Während dieser »Trokkenzeiten«, wie er sie nannte, formten sich unterirdische Quellen, und plötzlich, manchmal mitten in der Nacht, rief er dann eine seiner Töchter, um den Dichtungsschwall, der aus ihm herausbrach, aufzuschreiben. Die Menschen wunderten sich über die Fruchtbarkeit Beechers auf der Kanzel. Er predigte einmal achtzehn Monate lang, ohne auch nur einen Tag auszulassen, und seine Predigten waren außerordentlich kraftvoll. Doch er hinterließ uns, daß diese Arbeit größtenteils unbewußt gewesen sei. Er ließ eine Anzahl Themen gleichzeitig in den »Kellern seines Geistes« heranreifen. Eine Woche vor einer Predigt wählte er dann eines von ihnen aus, das gut gereift war, betrachtete es eine Zeitlang und legte es wieder in den »Keller« zurück. Am Morgen seiner Predigt stellte er dann fest, daß es eine Anzahl von »Keimen« wichtiger Ideen angesetzt hatte. Er ordnete sie und schrieb sie mit ungeheurer Schnelligkeit auf.

Solch unbewußtes Denken ist nicht nur in der Kunst des Schreibens benutzt worden. Es hat auch einige der schwierigsten Probleme der Wissenschaft gelöst.

Gauß hatte vier Jahre lang an einem Theorem der Arithmetik gearbeitet. Eines Tages hatte er einen plötzlichen Lichtblick, und das Rätsel wurde gelöst. Aber er fügt ausdrücklich hinzu, er sei nicht in der Lage gewesen, den Faden zu erkennen, dem er gefolgt sein muß, um dieses Resultat zu bekommen.

»Wenn ich über ein schwieriges Thema schreiben muß«, sagte Bertrand Russell, »ist es am besten, intensiv darüber mit der größtmöglichen Intensität nachzudenken. Ich tue das einige Stunden oder Tage lang, und dann gebe ich sozusagen Anweisungen, daß das Werk unterirdisch fortgesetzt werden soll.«

Einer der wichtigsten Denker des modernen Geschäftslebens ist Beardsley Ruml, den man oft schon den »ersten Schneemenschen« Amerikas genannt hat. Rumls Methode, Probleme anzugehen, besteht darin, auf dem Stuhl zu sitzen und nichts zu tun. Ruml verbringt mehr als eine Stunde am Tag in dieser Art von »Sitzung«. Sein Geist, der für den Augenblick aus seinem normalen Einflußbereich gelöst ist, hat einen größeren Weitblick für Fakten und Theorien, als wenn er sich methodisch mit dem Thema beschäftigen würde.

Er beschreibt seine mentale Konditionierung, in der er Ideen bekommt, als ein Stadium verzweigter Aufmerksamkeit.

Obwohl Wissen hilft, ist es doch nicht nötig, alles über ein Problem zu wissen, um es auf diese Weise wachträumend anzugehen. Ruml schließt nicht von einzelnen Fakten auf Schlußfolgerungen und verwendet auch keine explizit logischen Methoden, um seine Pläne auszudenken. Seine Fähigkeit wird oftmals als »Hellsichtigkeit« beschrieben, ein unbefriedigendes Wort, das kein Licht auf das wirft, was eigentlich in seinem Geist vor sich geht.

In einem Konzern hat man ein »Schweigezimmer« für die Direktoren geschaffen, wo sie ohne Bücher oder andere Störfaktoren denken können. Dr. Federick Kettner, eine Autorität im Bereich Jugenderziehung, sieht das Praktizieren kreativer Stille als wesentlichen Bestandteil der Erziehung. Stille bringt erstaunliche Veränderungen in jungen Menschen zustande. Er schlägt vor, daß die Architektur unserer Zeit in jedem Haus einen »Schweigeraum« vorsehen sollte, wo wir Hirn und Herz reinigen können. Viele moderne Häuser haben einen Hobbyraum. Könnte man nicht darauf kommen, daß es in unseren Häusern zu viele Hobby- und zu wenig Stilleräume gibt?

Ein äußerst erfolgreicher Verkaufsleiter meint, es sei nicht nötig, ein eigenes Zimmer zu haben, um sich von den anderen abzusondern. Man könne die Kunst der geistigen Stille auch inmitten des größten Durcheinanders praktizieren. Seine Methode ist, die Brille zu entfernen und eine halbe Minute lang seine Hand über die Augen zu legen. Diese halbe Minute denkt er absichtlich an eine friedliche Szene – seine »Traumlandschaft«. Nachdem er diesem Bild erlaubt hat, sich in seinem Geiste auszubreiten, wiederholt er mehrfach den Satz: »Friede durchflutet meinen Geist, meinen Körper und meine Seele.« Danach wendet er sich wieder seiner Arbeit zu mit dem Gefühl, daß seine Gedanken erfrischt worden sind. Stumpfheit und Vernebelung verschwinden, Energie und neue, sensiblere Wahrnehmung nehmen ihren Platz ein.

Ein erfolgreicher New Yorker Investmentbankier erklärte mir, seiner Meinung nach sei das Lesen der Bibel die wirkungsvollste Methode, den Geist zu klären und anzuregen. Um sieben Uhr dreißig geht er jeden Morgen in sein Büro und verbringt die erste halbe Stunde seines Tages damit, die Bibel zu lesen. Dann meditiert er fünfzehn Minuten lang im Stillen. Danach ist er für den Tag vorbereitet. Er ist ein hervorragender Linguist und liest manchmal die Bibel auf Französisch oder Spanisch, weil das, wie er behauptet, verschiedene Einblicke verschafft.

Vor kurzem mußte er in einer wichtigen Bankangelegenheit in eine andere Stadt. Zwei Stunden der Reise verbrachte er damit, sich auf die Verhandlungen vorzubereiten, die nächste Stunde las er Paulustexte – nicht nur aus spirituellen Gründen, sondern in erster Linie, um seine mentalen Prozesse zu stimulieren.

»Schließlich verbrachte ich fünfzehn Minuten mit entspannendem Gebet und Meditation und schlief dann ein. Als ich an meinem Ziel ankam, versuchte ich den Menschen nicht irgend etwas zu verkaufen, was sie nicht brauchten oder wollten. Ich trug alle Fakten, wie ich sie mir ausgedacht hatte, vor und fuhr dann nach New York zurück. Zwei Tage später lagen große Geschäftsangebote auf meinem Tisch.«

»Glauben Sie wirklich, diese Übung habe Ihr Denken klargemacht?«

»Das glaube ich nicht nur, das *weiß* ich«, war seine entschlossene Antwort.

6
Das Gebet – die größte Kraft für Sie

Eines frühen Morgens kam ich in der Grand Central Station in New York an und nahm ein Taxi nach Hause. Der Taxifahrer war ein zufriedener und freundlicher Mensch. »Sie sind aber heute morgen guter Laune«, bemerkte ich.

»Ach was, ich bin jeden Morgen so, das heißt, außer Sonntag.«

»Und was tun Sie am Sonntag?« fragte ich.

»Na, was glauben Sie, ich gehe zur Messe.«

Er hielt an einer Verkehrsampel. »Das ist nicht alles, ich singe auch im Chor. Ich liebe alte Kirchenlieder. Sie nicht?«

Ich bejahte, und er bot mir plötzlich an: »Soll ich Ihnen ein Kirchenlied vorsingen?«

Das war erstaunlich, aber man lernt in New York, so ungefähr alles zu erwarten. »Ja, ich würde Sie gerne singen hören.«

Daraufhin begann er eines der alten Lieder in einem klaren Tenor zu singen, während wir die Fifth Avenue hinunterrollten.

Ich lobte ihn, als er fertig war, und fragte ihn: »Haben Sie einen guten Pfarrer in Ihrer Kirche?«

»Einen guten Pfarrer!« rief er aus. »Wir haben den besten in ganz New York, das möchte ich schwören!«

Dies freute mich, denn es ist schön, einen Menschen zu treffen, der begeistert von seinem Pfarrer spricht. Gerade da fuhren wir an meiner eigenen Kirche an der Ecke Fifth Avenue, 29. Straße, vorbei.

»Das ist meine Kirche«, sagte ich ihm.

»So, haben Sie einen guten Pfarrer?«

»Na ja«, meinte ich. »Es geht so. Sehen Sie, ich bin der Pfarrer.«

Diese unerwartete Information ließ ihn fast auf den Bürgersteig fahren.

»Dann habe ich wohl den Mund zu weit aufgerissen«, sagte er.

Als wir vor meinem Haus angelangt waren, plauderten wir noch ein Weilchen.

»Ich will Ihnen sagen, warum mir mein Pfarrer so viel bedeutet. Ich war nicht immer Taxifahrer. Ich hatte einmal ein gutgehendes Geschäft, aber ich machte pleite. Ich wußte, Gott hat für mich einen Plan und vertraute ihm – zu recht. Mein Pfarrer half mir, in das Taxigeschäft hineinzukommen. Er sagte zu mir: ›Bill, Taxifahren ist auch nicht anders als irgendein anderes Geschäft. Wenn Sie einen guten Service bieten, wenn Sie freundlich sind, die Menschen nett behandeln und in Gott vertrauen, werden Sie damit zurechtkommen und auch Spaß daran haben.‹ Und dann sagte er mir jeden Morgen, als ich zur Garage ging, um meinen Wagen herauszuholen, ich solle, *bevor* ich den Tag beginne, meinen Kopf über das Steuerrad beugen und dabei Gott und den Menschen die Arbeit dieses Tages widmen. Das mag fromm klingen, aber ich verdiene mein Geld wirklich gut, und zusätzlich macht es mir großen Spaß. Ich bin glücklicher, als ich jemals vorher war.«

Ich maße mir hier an zu sagen, daß dies ein Mann war, der ein gutes Geschäft mit Religion verband und Erfolg im Leben hatte. Ich bezweifle nicht einen einzigen Augenblick lang, daß er nun größere Dinge tut, einfach weil er die Philosophie besitzt, die im Leben funktioniert: Vertrauen Sie Gott, arbeiten Sie hart, legen Sie Ihr Geschäft in Gottes Hand, dienen Sie den Menschen!

Dieser Taxifahrer benutzte eine Methode, die Alexis Carrel, ein großer Wissenschaftler, besonders empfiehlt. Er sagt: »Die mächtigste Kraft, die man produzieren kann, ist das Gebet. Es ist wie Radium. Es ist leuchtend und schafft aus sich selbst Energie.«

Für die meisten von uns ist das Gebet etwas Unbekanntes geworden. Manche beten selten, andere überhaupt nie. Es gibt, allgemein gesagt, drei Arten, mit Hilfe derer die Menschen bekommen, was sie sich wünschen und was sie brauchen: durch Arbeit, durch Gedanken und durch Gebet. Die ersten beiden benutzen wir jeden Tag, die dritte Form wird oft vernachlässigt. Warum? Vielleicht weil Arbeit und Gedanken ein offensichtlicher Teil unserer täglichen Erfahrung sind. Sie sind so weit verbreitet. Das Gebet wird hingegen mit etwas anderem assoziiert – mit einer besonderen Art und Haltung. Man hat daraus etwas gemacht, das mit unserem Leben angeblich nichts zu tun hat. Dieser Ausschluß des Gebets aus der Erfahrung des Menschen ist tragisch. Wir müssen deshalb das ganze Gewicht und die ganze Last des Lebens alleine tragen. Kein Wunder, daß Menschen zusammenbrechen, versagen und ihr Bestmögliches nicht erreichen! Durch spirituelle Prozesse kommen wir wieder mit einer unendlichen Quelle der Kraft in Berührung. Das Gebet kann größere Kraft produzieren als die Gedanken im Hirn oder das Arbeiten mit den Händen. Lassen Sie mich wiederholen – die machtvollste

Energie, die uns zur Verfügung steht, ist die Kraft des Gebets!

Die Verbindung zwischen Mensch und Universum ist möglicherweise viel subtiler und tiefer, als wir glauben. Wir *sind* ein Teil der Natur und ein Teil Gottes. Um im Leben Erfolg zu haben, müssen wir uns auf die Natur und auf Gott einstimmen.

Eine faszinierende Frau erholte sich von einer langen, ernsthaften Krankheit in Florida. Sie gewöhnte sich daran, täglich in der Sonne am Strand zu liegen. Es war niemand um sie herum. Allein, mitten in der Natur, übte sie, ihren Geist auf Gott zu wenden. Sie betete innig.

Eines Tages wurde sie sich der tiefen Stille der Natur bewußt. Sie fühlte sich in großer Übereinstimmung mit der Welt. Es war so still, daß sie ihr eigenes Herzklopfen hören konnte. Sie begann zu zählen und entdeckte den Rhythmus – gleichmäßig, durch nichts gestört. Sie hörte ihrem Herzen dabei zu, wie es das Blut des Lebens durch ihren Körper sandte. Als sie ihrem Herzschlag zuhörte, fielen ihre Augen auf das Strandgras um sie herum, das die Flut sauber gewaschen hatte. Sie wählte einen bestimmten Grashalm und betrachtete ihn, während er sich langsam und anmutig in der Meeresbrise hin und her wiegte. Sie war erstaunt zu entdecken, daß es sich in dem gleichen Rhythmus bewegte wie ihr Herz.

Dann fielen ihre Augen auf das Meer. Es glitzerte im Sonnenlicht wie Millionen Diamanten. Funkelnd rollte es in großen Wellen gen Land, auf den sauberen Sand. Und plötzlich schien auch der Rhythmus der Wellen auf dem Strand der gleiche zu sein wie das Wiegen des Grases oder das Klopfen ihres Herzens.

Auf einmal erkannte sie die rhythmische Harmonie des

Kosmos. Sie wurde vollkommen eins mit der Natur, sie war ein Teil dieser Harmonie. Alle Einsamkeit und alle Angst verließen sie. Sie wußte nun, sie war mit Gott im Einklang. Seine heilenden Kräfte flossen durch sie hindurch und machten sie gesund. Sie fühlte tiefen Frieden und Erneuerung.

»Ich werde nie wieder vor etwas Angst haben«, erklärte sie. »Denn jetzt weiß ich, es gibt eine Kraft, die mich erneuern kann. Ich kenne das Geheimnis, sich auf diese Kraft einzustimmen.«

Die Kunst des Gebets muß freilich erlernt werden. Es ist falsch zu glauben, die Gesetze der Wirksamkeit gälten nicht für das Gebet.

Der erste Schritt, um die Kunst des Betens zu erlernen, heißt einfach *beten.* Man kann jedes Buch lesen, das über das Gebet geschrieben worden ist und an unzähligen Gesprächen darüber teilnehmen. Doch Beten lernt man nur durch Beten.

Als junger Mann nahm ich Rhetorik-Stunden. Etwas später traf ich einen der größten Redner unserer Zeit und fragte ihn: »Wie wird man als öffentlicher Redner bekannt?«

»Indem man redet«, erwiderte er. »Man lernt es durch Übung. Sprich jedes Mal, wenn du eine Chance dazu hast. Übe beständig und versuche immer besser zu werden.«

Dieser Ratschlag gilt für alle Dinge, in denen man wirksam sein möchte. Es ist wichtig, Regeln und Techniken der Gebiete zu studieren, die man meistern möchte. Doch schlußendlich lernt man am meisten durch Tun.

Wieviel Zeit am Tage verbringen Sie mit Beten?

Ich habe vielen diese Frage gestellt und bin zu dem Schluß gekommen, daß durchschnittlich ungefähr fünf

Minuten täglich gebetet wird. Einige beten mehr, aber die meisten beten wohl weniger.

Lassen Sie uns ein wenig rechnen. Der Durchschnittsmensch ist etwa sechzehn Stunden am Tag wach. Wenn er davon nur fünf Minuten fürs Beten verwendet, bedeutet dies, daß er nur ein halbes Prozent seiner Wachzeit darauf verwendet. Während der Prohibition, als in Amerika der Alkohol vom Kongreß verboten wurde, wurde ein halbes Prozent Alkohol in einem Getränk vom Gesetz her als nicht »berauschend« erklärt. Dieser Prozentsatz ist auch im Glauben wahrhaft nicht berauschend. Erhöhen Sie den täglichen Prozentsatz der Zeit, die Sie mit Beten verbringen, wenn Sie die Kraft erfahren wollen!

Es ist sinnvoll, Augenblicke, in denen man nichts zu tun hat und die sonst wenig Sinn hätten, dazu zu benutzen. Ich kenne eine junge Frau, die in Brooklyn lebt und in Manhattan arbeitet. Früher verbrachte sie die fünfzehn Minuten ihrer Fahrt damit, einfach nur dazusitzen und die Reklame um sich herum zu betrachten. Eines Tages kam sie auf die Idee, ihre Augen zu schließen und still für sich und andere zu beten. Die Entfernung zwischen ihrem Haus beträgt drei Vaterunser und drei dreiundzwanzigste Psalme. So gewinnt sie jeden Tag in der Bahn Zeit für dreißig Minuten Gebet. Aus diesen dreißig Minuten, in denen sie früher ihre Sorgen hin und her gewendet hat, schöpft sie nun die Inspiration für ein außergewöhnlich glückliches und sinnvolles Leben.

Das Gebet unterliegt, ebenso wie die Wissenschaft, bestimmten Gesetzen. Lernen Sie diese Gesetze! Üben Sie sie aus, und Sie werden unweigerlich eindeutige Resultate bekommen. Eines der wichtigsten Gesetze des Gebetes ist Einfachheit. Halten Sie Ihr Gebet einfach und natürlich.

Es ist nicht nötig, stereotype Fragen und Worte zu benutzen. Sprechen Sie zu Gott wie zu einem Freund!

Halten Sie Ihr Gebet einfach. Wenn Sie an Ihrem Schreibtisch sitzen, ratlos über eine zu lösende Angelegenheit, rufen Sie nicht Ihren Partner. Rufen Sie den größten aller Partner. Sagen Sie einfach: »Herr, ich sitze fest. Du weißt mehr über Geschäfte als ich. Sag mir, was ich tun soll!« Wenn Sie schlimme Ängste und Sorgen haben, sprechen Sie auf einfache Weise mit Gott. Dann tun Sie Ihr Möglichstes und überlassen Sie ihm den Rest. Hören Sie auf, sich über Dinge Sorgen zu machen! Seine Liebe wird Sie beschützen und verteidigen.

Ein prominenter New Yorker Arzt erzählte mir kürzlich, diese Idee klänge zwar sehr simpel, aber sie enthielte eine tiefe und wesentliche Wahrheit. Er entdeckte dies während einer Krise: Er wurde krank und mußte sich einer sehr ernsthaften Operation unterziehen. Als Arzt wußte er, wie hoch das Risiko für ihn war. Er hatte Angst. Er hatte den Höhepunkt seiner professionellen Karriere erreicht, und er wollte leben. Er entschloß sich zum Gebet. Er hatte sich die beste wissenschaftliche Hilfe organisiert, die er nur irgendwie auftreiben konnte. Nachdem er alles getan hatte, was in seinen Möglichkeiten war, legte er die ganze Angelegenheit in Gottes Hand. Er verließ sich auf Seinen Willen und Seine Weisheit. Er erzählte dem Herrn, er wolle nicht sterben, sondern leben. Er erzählte Ihm, er habe alles Menschenmögliche getan, und nun sei er bereit, Ihm den Ausgang zu überlassen. Wenn Gott sich für einen Ausgang entschlösse, würde er ihn willig annehmen.

Sofort durchströmte ihn ein Gefühl des Friedens und des Vertrauens. Im tiefsten Inneren fühlte er, es werde alles gut ausgehen. Die Operation war erfolgreich. Er wurde wieder gesund und arbeitet heute wieder.

Ein New Yorker Geschäftsmann lernte durch praktische Übung den Wert des Gebets für seine Geschäftsaktivitäten. »Am Morgen bin ich meist der erste im Büro. Ich bitte Gott, meine Bemühungen an diesem Tag zu leiten und bedanke mich im voraus für die Antwort auf mein Gebet. Bevor ich mich mit eventuellen Kunden auseinandersetze, bete ich namentlich für jeden. Ich bete nicht, daß ich ihnen etwas verkaufen möge, denn die Betonung des eigenen Interesses durchbricht oft den Stromkreis. Ich würde mir damit anmaßen, Gott Anweisungen zu geben. Er will vielleicht diesen Verkauf gar nicht tätigen. Ich bete einfach für meinen Kunden als Menschen und bitte Gott, ihm in allen seinen Problemen zu helfen.

Das Resultat ist, daß ich meine Kunden in einer Atmosphäre von Freundlichkeit und Vertrauen empfange.

Ich hatte oft schon festgestellt, daß wir auf seltsame Weise aufeinander eingestellt waren. Außerdem hatte ich das Privileg, Menschen zu helfen, mit denen ich sonst nicht in Verbindung gekommen wäre. Dieser Vorgang erhebt das Geschäft über die reine Geldmacherei auf die Ebene menschlichen Verständnisses. Natürlich zeigt sich dies letztlich im materiellem Segen, einfach weil man mit Gott und den Menschen in Übereinstimmung ist. Ich bin in der Lage, ruhig zu bleiben und jedes Problem, das auftaucht, in Angriff zu nehmen.«

Menschen, die die einfachen, aber wirkungsvollen Techniken des Gebets ausüben, werden in ungewohnter Weise geführt. Eine unsichtbare, aber deutliche Macht leitet sie in ihren Aktivitäten und Verbindungen. Meiner Erfahrung nach bekommen Menschen, die gewohnheitsmäßig beten, Einsichten, Hinweise und Lichtblicke, und sie werden für die göttliche Führung zugänglicher.

Was immer Ihr Problem ist, wie groß auch Ihre Schwierigkeit sein mag: Sie können genügend spirituelle Kraft freisetzen, um Ihr Problem zu lösen. Das Geheimnis heißt *beten und glauben.* Auch wenn es schwer ist zu glauben, tun Sie es dennoch. Glauben Sie einfach, daß der großmächtige Gott Ihnen Seine Macht leiht. Beten Sie und übergeben Sie sich im Geiste Gottes Kraft. Das Grundgeheimnis der christlichen Religion heißt nicht Mühe oder Willenskraft, auch wenn diese wichtig sind. Das Geheimnis ist der Glaube.

Wenn Sie dies erreichen, werden Sie zu einem Kanal, durch den die göttliche Kraft fließt. Sie fließt durch *Sie.* Dann werden Sie genügend Kraft haben, um mit all Ihren Situationen fertig zu werden.

Lernen Sie richtig zu beten! Vermeiden Sie Flüchtigkeit und Unkonzentriertheit und halten Sie sich an folgende Empfehlungen:

- Nehmen Sie sich einige Minuten, um still und allein zu sein. Entspannen Sie den Körper und Geist, indem Sie Ihre Gedanken von Ihren Problemen fortwenden und Ihren Verstand auf Gott richten. Denken Sie auf die allernatürlichste Weise an Ihn.
- Reden Sie in einfacher und natürlicher Sprache mit Gott und sagen Sie Ihm alles, was Sie auf dem Herzen haben. Sie müssen keine umständlichen Worte oder Phrasen benutzen. Sprechen Sie zu Ihm in Ihrer Sprache. Er versteht Sie.
- Sprechen Sie mit Gott, während Sie die Arbeit des Tages vollbringen, in der U-Bahn, im Bus, an Ihrem Schreibtisch. Schließen Sie einen Augenblick lang die Augen, um die Welt auszuschließen und mit Gott zu

reden. Dies wird Sie an Seine Gegenwart erinnern und Ihnen das Gefühl Seiner Liebe vermitteln.

- Affirmieren Sie die Tatsache, daß Gott bei Ihnen ist und Ihnen hilft. Flehen Sie Gott nicht immer um seinen Segen an, sondern affirmieren Sie, daß er Ihnen Seinen Segen gibt.
- Beten Sie mit dem Gedanken, daß Ihre Gebete auch Ihre Verwandten und Freunde mit Gottes Liebe und Sorge einhüllen.
- Denken Sie beim Beten positive und nicht negative Gedanken!
- Bestätigen Sie in Ihren Gebeten immer, daß Sie bereit sind, Gottes Willen zu akzeptieren, was immer dieser sein mag. Bitten Sie Ihn, um was Sie sich wünschen, aber drücken Sie Ihre Bereitschaft aus, schließlich anzunehmen, was Er Ihnen geben möchte.
- Legen Sie in Ihrem Gebet einfach *alles* in Gottes Hand. Bitten Sie um die Kraft, Ihr Bestes zu leisten und überlassen Sie voller Vertrauen Gott den Rest.
- Sagen Sie ein Gebet für Menschen, die Sie nicht mögen oder die Sie schlecht behandelt haben. Dies wird Ihnen helfen, enorme Kraft in Ihnen freizusetzen.
- Sprechen Sie während des Tages irgendwann ein Gebet für diese Welt mit ihren Sorgen, für Ihr Land und für dauerhaften Frieden.

7
Vergessen Sie Fehler und schauen Sie nach vorn!

Vielleicht die wichtigste aller Künste ist das Vergessen. Man sagt, ein Mensch sei, was er denke oder was er esse. Er ist aber auch, was er vergessen kann.

Das Gedächtnis ist eines Ihrer größten Schätze. Die Fähigkeit, Informationen und Erfahrungen zu speichern, ist wesentlich. Doch noch subtiler ist es, in der Lage zu sein, Dinge aus dem Geist zu verbannen oder wenigstens aus einer dominierenden Stellung zu vertreiben – wie zum Beispiel Versagen und unglückliche Begebenheiten. Es bedarf großen Könnens, wählerisch zu sein und zu sagen: »Dies werde ich in liebevoller Erinnerung behalten; jenes hingegen werde ich aus meinem Gedächtnis herauswerfen.« Um wirkungsvoll und glücklich zu sein, müssen wir unsere Kraft unter Kontrolle haben; um wirklich erfolgreich weiterzugehen, müssen wir lernen zu vergessen.

Ich kenne einen Spitzenmanager, der durch harte Bemühungen und große Fähigkeiten in eine führende Position gelangt ist. Diese Stellung freilich kann er auf Dauer nicht halten, wenn er nicht lernt zu vergessen. Er ist ein relativ starrer Mann und meint, alle anderen müßten auch so sein. Kürzlich starb seine Frau. Aus seiner Sicht war sie zwar der großartigste Mensch, den er gekannt hatte. Aber sie war auch ein sorgloses Geschöpf, während er sehr steif und zwanghaft ist. Vielleicht hat sie ihm den Haushalt nicht ganz gemäß seinen Vorstellungen geführt. Nun aber ist sie fort, und er kann sich nur an seine Kritik, die er jetzt bereut, erinnern. Er kommt abends heim und sagt traurig zu sich selbst: »Es würde mir nichts machen – und wenn nichts an seinem Platz wäre. Wäre sie nur wieder bei mir!« Reue verfolgt ihn, ihm tut leid, daß er sich früher über sie beklagt hat.

Wo seine Frau jetzt ist, in der Größe und Unendlichkeit des ewigen Lebens, machen diese kleinen Dinge keinerlei Unterschied. Das einzige, was wichtig ist, ist die Größe ihrer Liebe zu ihm. Wenn sie könnte, würde sie ihm das mitteilen. Ich warnte ihn, wenn er nicht lernte zu vergessen, würde er immer die schwere Last der Reue tragen müssen – und das würde ihn zerstören. Sie hat ihr Leben gelebt. Sie wußte, daß er sie liebte. Die Zukunft dieses Mannes hängt davon ab, ob er seine Reue loslassen und weitergehen kann.

In der persönlichen Beratung stößt man immer wieder auf diese tragische Unfähigkeit der Menschen zu vergessen. Ein Mann, der nicht schreiben kann, wenn er nervös wird, lieferte einen seltsamen Fall. Wenn er sich in einem Hotel eintragen möchte, verweigern seine Finger ihre Funktion. Er stellt sich absichtlich ans Ende der Schlange, damit sich alle anderen vor ihm eintragen können. Er möchte nicht, daß irgend jemand sieht, wie er »seine schreckliche Unterschrift« mit Fingern, die ihm nicht richtig gehorchen, auf das Blatt setzt.

Ich schlug ihm vor, er solle sich nächstens an die Spitze der Schlange stellen und mit lauter Stimme, so daß ihn alle in der Hotellobby hören können, sagen: »Schaut her, seht die schlimmste Unterschrift der Vereinigten Staaten!« Das könne ihm vielleicht dabei helfen, seine Angst loszuwerden. Um die Nervosität seiner Finger zu lösen, mußte er eine lange Gedächtnislinie durchbrechen, die zurück in seine Kindheit führte.

Als er ein kleiner Junge war, erlitt sein Vater einen Unfall, der die Beweglichkeit seiner Finger zerstörte. Der Vater litt sehr darunter. Er erzählte es dem Jungen so oft und prägte es ihm so tief ein, daß dieser, obwohl kein organischer Schaden in seinen Fingern vorlag, in *seinem* Geist einen Fingerschaden davontrug. Heute ist der Junge ein Mann – und leidet noch immer darunter. Dies ist eine erschreckende Illustration von der Fähigkeit des Gedächtnisses, einen Menschen außer Kraft zu setzen.

Freilich will auch diese Kunst des Vergessens erlernt sein – und geübt. Die Bibel, das weiseste aller Bücher, hat auch hierfür Anregungen parat. Sie enthält eine Formel des Vergessens: »Dies eine tue ich: Ich vergesse, was hinter mir liegt und strecke mich aus nach dem, was vor mir liegt. Ich gehe auf mein Ziel zu...« (Phil. 3, 13–14) Diese Formel enthält das Geheimnis, wie wir vergessen können, um weiterzugehen.

»Dies eine tue ich...« Der Mensch, der dies sagte, hatte seine Gedanken völlig unter Kontrolle. In dem Augenblick, in dem ein Mensch beschließt, seine Gedanken zu kontrollieren, befindet er sich auf dem Weg zur Selbstmeisterung. Denn meistens kontrollieren die Gedanken uns. Der erste Schritt des Vergessens ist der Entschluß dazu, sich nach etwas auszustrecken, das vor einem liegt, und anderen Dingen den Rücken zuzukehren. Leben Sie dieses Gedankenmuster, und Sie werden unglückliche Erinnerungen dauerhaft loswerden können. Einige Menschen vermögen das durch pure Willenskraft. Aber nicht alle schaffen es auf diese Weise. Es ist schwierig, einen Gedanken loszuwerden, indem man ihm einfach sagt: »Verschwinde!« Oft vertieft dieser Versuch sogar einen Gedanken nur noch. Gehen Sie subtiler vor! Das Geheimnis ist, Gedanken durch andere zu ersetzen. *Werfen Sie einen Gedanken raus, indem Sie einen mächtigeren an seine Stelle setzen.*

Lange aufrechterhaltene Vorwürfe und tiefsitzender Haß sind undurchdringbare Hindernisse im Kraftfluß der Persönlichkeit. Es ist schwierig, Ärger mit seiner giftigen Wirkung aus dem Geist zu verbannen, indem man sich dies einfach nur wünscht. Es ist nicht ganz so einfach, wenn es sich um eine mentale Gewohnheit handelt.

Das Geheimnis liegt in umgekehrter Methode. Versuchen Sie für den Menschen zu beten, den Sie nicht mögen. Das ist eine Methode, die wirklich funktioniert! Sie setzen allen Ressentiments eine Macht entgegen, die stärker ist als Haß: guten Willen und Liebe. Das Gift, das lange durch den Ärger genährt wurde, verschwindet durch die heilende Kraft des guten Willens. Viele Menschen zerstören ihre Effizienz, machen sich elend und blockieren die Möglichkeiten einer glücklichen Zukunft, einfach nur, weil sie Beleidigungen oder Ungerechtigkeiten nicht vergessen können.

Ein Mann kam zu mir und wünschte sich nur eines: Er müsse einfach inneren Frieden finden. Er könne nachts nicht schlafen, er sei nervös und angespannt. Natürlich gingen ihm alle Menschen aus dem Wege.

In unserer Klinik überdachten wir seine Haltung, seinen Tagesplan, seine Art zu denken und zu handeln. Alles schien in Ordnung zu sein – mit einer Ausnahme. Er hegte bestimmten Konkurrenten gegenüber regelrecht Haß. Die meisten dieser Leute gehörten anderen Rassen und Religionen an, und Vorurteile hatten einen nicht unbedeutenden Anteil in seiner Haltung. Doch vor allem handelte es sich um persönliche Konflikte, um Eifersucht, Mißgunst – und die Unfähigkeit zu vergeben.

Ich versicherte ihm, er könne geheilt werden, wenn er der spirituellen Verschreibung folge, die ich ihm verordnen würde. Er meinte, er würde es tun, aber er brach fast sein Versprechen, als ich ihm beschrieb, *was* er unternehmen sollte. »In den folgenden zwei Wochen beten Sie zweimal am Tag namentlich für jeden Ihrer Konkurrenten. Beten Sie, daß jeder dieser Männer in diesem Jahr ein größeres Geschäft macht als Sie selbst.«

»Aber«, rief er aus, »das wäre eine Riesenlüge!«

»Nicht im Angesicht Ihres wahren Selbst. Sie müssen Ihre Geisteshaltung, die Sie besiegt, loswerden. Sie müssen lernen zu vergessen. Die einzige Art, dies zu tun, ist, sich selbst in den guten Willen hineinzubeten und damit das Gift der Mißgunst auszuschalten.«

Unwillig versprach er, sich nach dieser Prozedur zu richten, und er tat es auch. Später erzählte er mir, in der ersten Woche sei dies sehr schwierig für ihn gewesen.

»Stellen Sie sich nur vor, zu beten und darum zu bitten, daß diese nichtswürdigen Hochstapler mich geschäftlich überholen sollten. Eines Tages aber, während ich betete, fühlte ich mich plötzlich innerlich besser. Ich fühlte mich leicht wie eine Feder, und ich fühlte eine solche Erleichterung, wie Sie sich kaum vorstellen können.«

»Hat Sie der innere Schmerz verlassen?« fragte ich.

»Ja, wie eine große Welle durchdrang mich plötzlich Frieden.«

Jetzt nach vielen Monaten, erzählte er mir, er habe sogar

gelernt, die Menschen zu mögen, die er vorher gehaßt hatte. Er hatte einen Block gehabt, der die Kraft seines Geistes verminderte. Wenn er seinen Haß aufrechterhalten hätte, wäre er wahrscheinlich krank geworden.

Viele Menschen werden die Ursache ihrer Nervosität und Irritierbarkeit in Haß, den sie nicht vergessen können, finden – wenn sie sich ehrlich darum bemühten. Im Falle dieses Mannes wurde seine emotionale Erkrankung durch die Anwendung eines machtvollen spirituellen Gegenmittels geheilt. Er lernte zu vergessen und so voranzugehen.

Wir sollten nicht nur die Dinge, die hinter uns liegen, vergessen, sondern uns auch nach denen ausstrecken, die vor uns liegen! Die Idee des Vorwärtsgehens sollte uns immer begleiten, wenn wir das Vergessen überwinden wollen.

Ich kenne eine reiche Witwe, eine anmutige und wunderbare Frau. Wie viele Frauen, die ihren glänzenden »Geschäftsmann« verloren haben, vertraute sie der Ehrlichkeit und Gutwilligkeit der Menschen und wurde um eine beachtliche Summe betrogen. Sie verlor Tausende von Dollar und fragte sich nutzloserweise immer wieder: »Warum ist ausgerechnet mir das passiert?«

Allmählich lernte sie, diese Erfahrung als Lektion zu begreifen, die ihr bald wert war: »Es ist fünfzigtausend Dollar wert zu lernen, daß es auf dieser Welt alle möglichen Arten von Menschen gibt. Also begreifen Sie Ihre Lehre und gehen Sie als weise Frau daraus hervor«, empfahl ich ihr. »Lassen Sie die Dinge zurück, die vorbei und vergangen sind und die man nicht mehr ändern kann! Schauen Sie voran, zu dem was vor Ihnen liegt! Werden Sie weise. Vermeiden Sie unnütze Gedanken an vergangene Fehler. Vergessen Sie sie und gehen Sie voran!«

Einer meiner liebsten Freunde, der bekannte Psychiater Smiley Blanton, bemerkte mir gegenüber einmal, der weiseste psychiatrische Ausspruch sei in den Worten aus den Epheser-Briefen zu finden: »Nachdem man alles getan hat, stehe man aufrecht da.«

Diese Worte wurden vor vielen, vielen Jahren durch einen der weisesten Geister der Geschichte ausgesprochen, nämlich von Paulus. Fast alles, was es auf dem Gebiet der Psychiatrie gäbe, habe er gelesen, meinte Blanton, und es gibt nichts, das der Weisheit und dem Einblick dieser Worte nahekomme. Der heilende Effekt dieser Paulusworte basiert auf einer einfachen Erkenntnis: Tun Sie Ihr Möglichstes, tun Sie alles, was Sie können. Geben Sie einer Situation oder einem Problem all Ihre physische und mentale Energie! Lassen Sie keinen Stein ungewendet, leben Sie Ihren ganzen Erfindungsgeist und Ihre Fähigkeit aus. Und wenn Sie dann feststellen, daß Sie nicht weiterkommen, sorgen Sie sich nicht. Bereuen Sie nicht. Es hat keinen Sinn, die Situation immer wieder durchzukauen. Sie haben getan, was Sie tun konnten, und deshalb *stehen* Sie jetzt *aufrecht da*. Vertrauen Sie in Gott und in das, was Sie getan haben! Es wird so werden, wie es werden soll, wenn Sie es einfach nur geschehen lassen.

Als Henry Ford fünfundsiebzig Jahre alt war, wurde er nach dem Geheimnis seiner Gesundheit und seiner Ruhe gefragt. »Es gibt drei Wege: Ich esse nicht zuviel, ich sorge mich nicht zu viel, und ich tue mein Möglichstes. Ich bin überzeugt, was geschieht, geschieht zum Besten.«

Wichtig dabei: Betrachten Sie die Krisen in Ihrem Leben nicht als Bedrohung, sondern als Herausforderung. Vielleicht lernen auch wir westlichen Menschen mehr und mehr etwas von der zeitlosen Weisheit des Ostens annehmen. Das chinesische Wort für Krise hat zwei Zeichen.

Das erste bedeutet »Gefahr«, aber das zweite heißt »Gelegenheit«. Eine Krise ist ein Augenblick der Gefahr, aber auch der *Gelegenheit*. Es hängt alles davon ab, ob Sie Ihr Versagen oder Ihre Fehler vergessen können und voller Erwartung in Ihre neue Situation hineinschauen können – wie schwierig sie Ihnen zunächst auch erscheinen mag. Sie mag unerwartete Chancen und große Gelegenheiten für Sie enthalten.

8
Die Kunst, die Angst zu verlieren

»Die gewöhnlichste und subtilste aller menschlichen Krankheiten ist die Angst«, sagt ein hervorragender Arzt. Und ein bekannter Psychologe erklärt, Angst sei der Feind, der die menschliche Persönlichkeit am meisten desintegriert.

Natürlich beziehen sich diese Wissenschaftler nicht auf normale, sondern auf anormale Ängste. Normale Angst ist notwendig und wünschenswert. Sie ist ein Mechanismus, der uns zum Schutz dient. Die normale Angst hindert uns daran, Risiken einzugehen und halsbrecherische Dinge zu unternehmen.

Doch die Unterscheidungslinie zwischen normaler und annormaler Angst ist sehr fein. Wir können sie unbemerkt überqueren und die dunklen und schattigen Regionen der anormalen Angst betreten.

Welch schreckliche Vorstellung! Angst zerstört die Tage und verhext die Nächte. Sie ist Zentrum und Quelle von Komplexen. Sie verwickelt den Geist in Zwangsvorstellungen. Sie zieht Energie ab, zerstört den inneren Frieden und blockiert die Kraft. Sie lähmt und frustriert uns. Anormale Angst ist die giftige Quelle, aus der Elend und Unglück geschöpft werden. Es gibt viele, die an dieser schweren Krankheit leiden. Wie mitleiderregend sie sind, diese unglücklichen Opfer übertriebener Angst!

Aber sie können davon frei werden. Übertriebene Angst kann geheilt werden. In diesem Kapitel werden wir eine Heilungsart aufzeichnen, die funktioniert, wenn Sie ihr erlauben zu funktionieren.

Ein Arzt hatte schon in seiner Kindheit eine Angstpsychose entwickelt, die ständig wuchs. Als er schließlich auf die Universität ging, zog sie so viel Energie von ihm ab, daß es nahezu der Bemühung eines Herkules bedurfte, um seine Arbeit zu leisten. Seine Energie wurde ungewöhnlich strapaziert, und er fühlte sich schwach und unproduktiv. Unter großem Aufwand nervöser Energie machte er schließlich sein Examen und begann sein Praktikum immer noch unter der schweren Last dieser Angst. Als er es schließlich nicht mehr ertragen konnte, bat er einen seiner Professoren um Rat. »Ich muß diese Last von Angst loswerden, oder ich werde mein Studium aufgeben müssen.« Der ältere Arzt, ein weiser und freundlicher Mann, schickte den jungen Studenten zu einem Heiler, dessen »Amt«, wie er gewitzt sagte, das Neue Testament war.

»Ich folgte dem Rat meines Lehrers«, erklärte er, »und der Herr gab mir eine Medizin, die mich gesunden ließ.«

»Was war das?«

»Es waren weder Pillen noch Elixiere – es waren Worte: ›Denn Gott hat uns nicht den Geist der Angst geschenkt, sondern der Macht, der Liebe und des gesunden Geistes.‹« (II Tim, 1,7)

»Ich *nahm* diese Worte *ein*«, sagte der junge Arzt. »Ich erlaubte ihnen, sich tief in meinen Geist hineinzusenken. Durch einen Prozeß intellektueller und spiritueller Osmose durchdrang ihre gezielte Kraft meinen Geist. Bald verspürte ich Erlösung, gefolgt von tiefem Frieden.«

Wenn Sie von Angst geplagt werden, schlage ich Ihnen vor, diese heilenden Worte »einzunehmen«: »Denn Gott hat uns nicht den Geist der Angst gegeben, sondern der Macht, der Liebe und eines gesunden Geistes.«

Doch welche »Medizin« liegt in diesen Worten? Eines der Worte ist *Macht*. Welche? Die einzige Kraft, die der Angst entgegenarbeiten kann, ist die Macht des Glaubens. Das Wort des Glaubens ist lebendig und aktiv. Es ist eine vitale Substanz, wie das Sonnenlicht, wie das Wachstum unseres Wesens.

Glauben ist nicht nur ein theologisches oder intellektuelles Konzept, sondern er wirkt auch wie Medizin: Für den Geist, die Seele und für den Körper besitzt er heilende Kräfte.

Wie nimmt man diese Medizin ein? Einmal durch das Auge. Wir nehmen die Bibel in die Hand und lesen einige ihrer Worte. Unser Auge nimmt sie auf, das Bild verändert seine Form und wird zur Idee – einer positiven Glaubensidee. Die Idee wird durch den Geist geleitet, bis sie an dem Entzündungsherd namens Angst angelangt ist. Dort umhüllt ihr heilender Einfluß das Zentrum der Entzündung. Sie heilt die Entzündung, und durch diese therapeutische Operation wird die Krankheitsidee aus dem Geist eliminiert.

Spirituelle Medizin können wir auch durch das Ohr aufnehmen. Besuchen Sie die Messe, verfolgen Sie die Bibellesung. Hören Sie der Predigt zu. Klangwellen erreichen Ihr Ohr, und sie werden durch das Ohr in Form einer spirituellen Idee in das Hirn eingelassen. Auf ähnliche Weise findet der heilende Gedanke seinen Weg in das kranke Zentrum und kämpft dort mit den Angstgedanken. Weil er eine größere Macht hat, treibt der Glaube die Angst aus und übernimmt das Kommando. Nachdem der

Geist gereinigt worden ist, heilt der Entzündungsherd schnell ab.

»Das erstemal, als ich aus einem Flugzeug sprang«, erzählte mir ein Fallschirmspringer, »widerstrebte alles in mir. Nur ein Stückchen Seil und ein Fetzen Seide standen zwischen mir und dem Tod. Aber als ich feststellte, daß mich diese Seide tatsächlich halten würde, erlebte ich das herrlichste Gefühl meines Lebens. Ich hatte vor nichts mehr Angst, und die Befreiung davon erfüllte mich mit einer großartigen Freude. Ich wollte gar nicht mehr landen. Ich war richtig glücklich.«

Angst besiegt uns, weil wir nicht gewillt sind, unser Vertrauen in unseren Glauben zu legen. Doch wie der Fallschirmspringer können wir herausfinden, daß dieses mystische und scheinbar zerbrechliche »Ding« uns wie ein Stück Fallschirmseide tatsächlich hält.

Dies ist eine wichtige Wahrheit, aber es kostete mich Jahre, sie zu lernen; und noch länger dauerte es, bis ich dazu bereit war, sie auszuüben. Seltsam, daß wir eine so bedeutungsvolle Formel in der Hand haben und sie dennoch nicht anwenden: »Ich werde alles, was in meiner Kraft ist, tun – und dann werde ich einfach in Gott vertrauen.«

Die zweite wirksame Medizin gegen Angst ist Liebe. Liebe ist eines der am meisten mißverstandenen und mißbrauchten Wörter der Sprache. Hollywood und die moderne Romanliteratur haben daraus ein klebriges, fragwürdiges Gefühl gemacht. Liebe aber ist anders: Sie ist die Macht, mit der wir andere erreichen und durch die uns geholfen wird. Echte Liebe schließt Angst aus, denn echte Liebe ist völliges Vertrauen.

Wenn Sie Liebe lernen wollen, schauen Sie sich Kinder an! Haben Sie keine eigenen, leihen Sie sich welche aus. Was habe ich nicht alles von Kindern gelernt! Als unser erstes Kind auf die Welt kam, hatte ich Angst, das kleine Mädchen zu berühren, weil ich dachte, sie würde in Stücke zerbrechen! Bei unserem zweiten Kind fühlte ich mich sicherer. Unser Sohn kam mir »stabiler« als seine Schwester vor.

Aber erst als unser drittes Baby geboren war, war ich wirklich frei.

Es machte mir großen Spaß, sie hoch in die Luft zu werfen und sicher wieder zu fangen. Wie angstlos sie sich werfen und fangen ließen! Ja, vollkommene Liebe schließt Angst aus!

Vertrauen Sie in Gott – wie es Kinder tun! Gehen Sie davon aus, daß er Sie durchbringt. Entwickeln Sie eine einfache, kindliche Liebe zu Ihm. Sie werden sehen, wie sich Ihre Probleme lösen!

Die dritte Medizin schließlich ist ein freier, gesunder Geist. Viele unserer Ängste stammen aus der Entwicklung eines kranken oder verwirrten Geistes. Dieser kann auf vielerlei Weise entstehen. Meist beginnen solche Störungen schon in der Kindheit, wenn die Eltern unbewußt Ängste und Sorgen in das Gehirn des Kindes einpflanzen.

Wie heilt man einen kranken Geist? Manchmal hilft die Analyse. Wenn man weiß, warum man auf eine bestimmte Weise reagiert, spürt man sofort eine Verbesserung. Selbsterkenntnis führt oft auch zur Selbstverbesserung. Die Übung spiritueller Formeln ist dabei hilfreich. Es ist besonders wichtig zu wissen, *wie* man ein spirituelles Leben führt.

Das »ABC« des spirituellen Lebens soll Ihnen folgendes Beispiel erläutern:

Ein erfolgreicher Geschäftsmann, der von Angst verfolgt wurde, kam in unsere Klinik. Er brach unter Spannung schier zusammen und wußte, er mußte schnellstens eine Heilung für seine Ängste finden. Er hatte begonnen, die Messe zu besuchen, was er lange Zeit nicht mehr getan hatte. Er reinigte seinen Geist gründlich durch Beichte. Ihm wurde verziehen, aber seine Ängste hatten so lange in ihm gewirkt, daß er sie nicht einfach loslassen konnte. Gott hatte ihm verziehen, aber er konnte sich selbst nicht verzeihen. Ich sagte ihm, es gäbe nichts, wovor man Angst haben müsse. Beruhigt ging er fort, um voller Zweifel wiederzukehren. Schließlich sagte ich zu ihm: »Sie werden diese Angst nicht los, weil Sie immer Gott bitten, sie fortzunehmen, ohne dabei wirklich zu *glauben*, daß er es tut. Sie sind ein hervorragender Bittsteller, aber ein schlechter Annehmer. Was nutzt es Ihnen, ständig um etwas zu bitten, wenn Sie die Kunst des Annehmens nicht beherrschen?«

Ich bat ihn, seine Uhr vor sich auf den Tisch zu legen, die Augen darauf zu richten und zwei Minuten lang Gott zu bitten, die Angst von ihm zu nehmen.

Er wehrte sich: »Wie kann ich mit offenen Augen beten?«

»Beten Sie immer mit geschlossenen Augen?«

»Natürlich.«

»Warum versuchen Sie es dann nicht einmal mit offenen Augen?«

Er tat, wie ich ihn geheißen hatte. Nach zwei Minuten sagte er: »Amen.«

»Und jetzt beten Sie noch einmal! Aber diesmal sollen Sie Gott dafür danken, daß er Ihnen gegeben hat, worum

Sie gebetet haben – nämlich Ihnen Ihre Ängste zu nehmen.«

»Hat er mir denn die Ängste genommen?«

»Sie haben doch darum gebetet, oder? Ihre Angst ist jetzt verschwunden, vorausgesetzt, Sie lassen sie fort. Sie müssen Gottes Gnade auch annehmen!«

Heute ist er glücklich und angstfrei!

9
Die Kunst, kraftvoll und produktiv zu leben

Jeder Mensch sehnt sich nach Kraft. Nicht nach Macht über andere Menschen, aber alle möchten über die Umstände Macht haben, über Situationen, Ängste, Schwächen – und über uns selbst. Jeder kann dies erreichen!

Wir alle wollen effizient sein und Dinge beherrschen. Ohne Effizienz kann es keine Meisterschaft geben. Es ist befriedigend, einem guten Spiel zuzuschauen, einem herrlich gesungenen Lied zuzuhören, einen hervorragenden Schauspieler auf der Bühne zu betrachten – all dies sind Quellen der Freude. Auch etwas ganz Alltägliches kann uns, wenn es gut gemacht ist, ein Gefühl der Befriedigung schenken – und zwar allen, die dabei sind.

Diese Wahrheit erkannte ich neulich bei einem Mittagessen:

Ein richtig schön altmodischer Kellner servierte. Er war ein Meister seiner Kunst. Er zeigte Haltung und verrichtete seinen Job mit Sicherheit und Würde. Nach dem Essen sprach ich ihn an: »Ich möchte Ihnen gratulieren. Es macht mir immer Freude, einem Mann zuzuschauen, der seinen Job versteht. Ich erkenne in Ihnen den Meister großer Kunst an.«

Er freute sich darüber und sagte: »Es *ist* wirklich eine Kunst. Ich habe sie vor Jahren in England erlernt.«

Nehmen wir an, Sie möchten wie dieser großartige Kellner effizient sein. Das können Sie, aber wie stellen Sie es an? Die Antwort: Werden Sie Experte in der Ausübung Ihres Glaubens!

Nichts kann Sie so erfolgreich machen wie die einfachen Prinzipien der Bibel.

Das Christentum ist tatsächlich ein Kraftwerk. So steht es bei Markus geschrieben: »Denn wahrlich, ich sage euch: wer diesem Berg sagt, hebe dich hinweg und falle ins Meer, und wer in seinem Herzen nicht daran zweifelt, sondern glaubt, daß wahr wird, was er sagt – derjenige wird bekommen, was er sagt.

Daher sage ich euch: Was immer ihr euch wünscht, wenn ihr betet, glaubt, daß ihr es bekommen werdet, und so wird es sein.«

Was bedeuten diese Worte in unserer heutigen Sprache? Wenn Sie glauben, dann können Sie diesen Berg – dieses große steinerne Hindernis auf Ihrem Weg – durch einfaches Sagen hinwegheben.

Wenn Sie dies in Ihrem Herzen nicht anzweifeln (wenn Sie Ihrem Unterbewußten keine negative Haltung geben), sondern einfach nur glauben, wird geschehen, was immer Sie erbittet haben.

Vor vielen Jahren sagte Ralph Emerson, es gäbe unentdeckte Kammern des menschlichen Geistes, die eines Tages noch unbekannte spirituelle Kräfte freisetzen würden. Ein französischer Psychiater sagte, es gäbe jenseits des Bewußten und Unbewußten noch ein weiteres Element im menschlichen Geist. Er nennt es »Überbewußtsein«. Diese Bezeichnung ist interessant. Vielleicht meinte Christus das Überbewußtsein, als er sagte: »So ihr Glauben habt, wird nichts unmöglich sein.« Als Seine Jünger sich über die Größe Seines Werkes ausließen, sagte Er: »Ihr werdet größere Werke vollbringen.« Er staunte über ihren Unglauben. D. h., es überraschte ihn, daß Menschen, die ein solches Potential hatten, dieses nicht freisetzten.

Es ist mehr als wahrscheinlich, daß auch in Ihnen all die Kraft und Effizienz, die Sie brauchen, eingeschlossen ist. Werden Sie ein Experte im Glauben – und Ihre Produktivität wird sich immens steigern. Ich persönlich weiß, daß Glauben allein zu Effizienz führen kann – und habe es in vielen, vielen Fällen erlebt.

10
Die Kunst, Ärger und Frust zu vermeiden

»Dieser Kerl macht mich völlig fertig.« Der Sprecher hatte einen roten Kopf, als seine Faust auf den Tisch krachte. »Ich kann seinen Namen in der Zeitung nicht mehr sehen. Ich fühle mich innerlich ganz ausgebrannt.«

Dies ist eine malerische und sehr exakte Beschreibung des inneren Zustandes dieses Mannes. Als siedender Kessel aufgebrachter Emotionen brannte er innerlich tatsächlich aus. Ein Mensch kann diese innerliche Erregung auf die Dauer nicht ertragen. Jeden Tag hören wir von Menschen, die uneffektiv werden oder zusammenbrechen, und in den meisten Fällen ist die Ursache einfach nur, daß sie Menschen oder Situationen erlauben, sie »auszubrennen«.

Eine der wichtigsten Regeln, um gesund und erfolgreich zu sein, ist: Lassen Sie sich nicht aufregen.

Ein Arzt erzählte mir von dem »Rezept«, das er einem Geschäftsmann verschrieben hatte, der sich beklagte, seine Nerven seien völlig aufgerieben. »Ärgern Sie sich nicht weiter! Praktizieren Sie einfach Ihren christlichen Glauben!«

»Bekommen Sie viele solche Fälle? Und ist das Ihre übliche Verschreibung?« fragte ich ihn.

»Ja«, entgegnete er, »ich habe einen eindeutigen Zuwachs in der Zahl emotionaler und nervöser Probleme festgestellt. Viele Patienten werden krank, einfach nur, weil sie unfähig sind, aufgestauten Ärger zu überwinden. Doch außer in Fällen, wo es eine physische Ursache gibt, glaube ich, daß ein Mensch nicht aufgekratzt oder nervös sein muß, wenn er die Medizin nimmt, die sein Pfarrer ihm gibt.«

Diese Idee war mir bestens bekannt. Schon vor mehr als zwanzig Jahren hatte ich mit meiner Mutter einen bekannten Herzspezialisten in Boston besucht. Nach einer gründlichen Untersuchung hatte er sich in seinem Stuhl zurückgelehnt und meine Mutter fragend angesehen: »Mrs. Peale, sind Sie Christin?«

Meine Mutter war seit vielen Jahren die Frau des Pfarrers und ein aktives Mitglied der Gemeinde. Die Frage überraschte sie.

»Ich versuche es«, erwiderte sie.

»Ich fürchte, Sie versuchen es nicht genug«, meinte der Arzt. »Es gibt sehr wenig, was ich für Sie tun kann. Ich könnte Ihnen ein Medikament verschreiben, aber das würde Sie nur oberflächlich beruhigen. Ich schlage vor, Sie üben sich statt dessen in der Technik des Vertrauens, der Ruhe und des Glaubens, die Sie im Neuen Testament finden. Befolgen Sie dies, und es wird Ihnen gutgehen.«

Heute wissen wir, daß der praktizierte Glauben ein wichtiger Schritt zur emotionalen und physischen Gesundung und Gesundheit ist.

Ein befreundeter Arzt sagte kürzlich zu mir: »Vor fünfundzwanzig Jahren konnte man nur etwa zwei Prozent von Magenverstimmungen und ähnlichen Krankheiten auf mentale Zustände zurückführen. Heute liegt bei etwa fünfundzwanzig Prozent dieser Fälle die Ursache in nervöser Anspannung oder in Ärger. Die Menschen werden vor allem deshalb krank, weil sie ihren Geist nicht kontrollieren oder disziplinieren können.«

Solche Menschen bemerken oft, daß ihr Nervenkostüm angegriffen ist. Das aber stimmt in Wirklichkeit nicht. Nur in sehr seltenen Fällen sind die Nerven wirklich »krank«. Der Nerv ist einfach nur ein Telefondraht vom Gehirn zu dem jeweils entsprechenden Körperteil. Oft sind es nicht die Nerven selbst, mit denen »etwas nicht stimmt«, sondern vielmehr die Gedanken, die die Nerven anregen. Gedanken des Ärgers machen es für das Hirn unmöglich, ordentliche und kontrollierte Impulse an die Nerven auszusenden, so daß widersprüchliche und ungenaue Botschaften über die Nervendrähte gesandt werden. Das Gehirn ist verwirrt, weil die Gedanken verwirrt sind. Also kommt auch das Nervensystem durcheinander. Als Resultat davon fühlen wir uns nervös, angespannt, aufgedreht und aufgeregt.

Nervosität rührt also in erster Linie von unseren Gedanken her. Lernen Sie deshalb kontrolliert, diszipliniert und ruhig zu denken! Auf diese Weise vermeiden Sie Anspannung und Aufregungen.

Vor kurzem traf ich einen befreundeten Pfarrer, den ich viele Jahre lang nicht gesehen hatte. Ich hörte, er habe einen Nervenzusammenbruch erlitten, aber er erschien mir jetzt robust und wirkte wie der Inbegriff der Gesundheit. Vor einem munteren Feuer in seiner Bibliothek streckte er seine langen Beine genüßlich aus, lehnte sich in seinem Stuhl zurück und fragte mich: »Haben Sie jemals zwischen dem Glauben und der Kunst des Ausruhens eine Beziehung gesehen? Unsere Religion hat sich so sehr mit Moral und Ethik beschäftigt – beides natürlich äußerst wichtige Angelegenheiten –, daß viele nicht mehr den beruhigenden Effekt des Glaubens erkennen konnten. Es ist erstaunlich«, rief er aus, »wie gerade die Religion zu der Heilung von Anspannungen, Sorgen und ängstlichen Gedanken beitragen kann und uns Kraft schenkt, um sich mit dem Streß der heutigen Zeit zu konfrontieren.«

»Sie müssen da etwas ganz Besonderes gefunden haben«, stachelte ich ihn ein bißchen an.

»Das kann man wohl sagen!« lachte er. »Vor einigen Jahren hatte ich einen regelrechten Nervenzusammenbruch. Ich ging ins Krankenhaus und ließ mich untersuchen. Meine ganze Energie war verschwunden. Ich fühlte mich schwach und lustlos. Schließlich teilte mir der zuständige Arzt die Diagnose mit. ›Wir haben Ihren Fall untersucht, Pfarrer Dr. Miller. Und wir haben uns überlegt, wenn Sie ein praktizierender Christ wären, würde es Ihnen wieder besser gehen.‹ ›Was meinen Sie damit?‹ fragte ich erstaunt. ›Lesen Sie jemals im Neuen Testament?‹ fuhr der Doktor fort.

›Und ob‹, widersprach ich.

›Jaja, ich sehe schon. Sie lesen es, aber Sie glauben nicht daran.‹

›Und wie ich daran glaube!‹ rief ich empört.

›Dann lassen Sie es mich anders formulieren. Kommen Sie schon: Sie üben Seine Lehre des Glaubens und Vertrauens nicht wirklich aus, oder? Ich weiß, Sie halten sich an Seine Moral und Seine Ethik, aber in Ihren Gedanken sieht es oft ganz anders aus. Setzen Sie folgende Prinzipien mental um: ›*Behalte keinen Gedanken für den Morgen!* Oder: *Laß dein Herz dich nicht sorgen!* Oder: *Kommet zu mir, die ihr mühselig und beladen seid. Ich will euch erquikken.*‹«

Meinem Freund begann langsam zu dämmern, was dieser freundliche Arzt meinte. Er sagte ruhig: »Ich sehe, was Sie meinen – und Sie haben vollkommen recht. Ich *werde* künftig den Glauben in meinen Gedanken wie auch in meinen Handlungen ausüben.«

»Es ist wirklich eine großartige Medizin, das größte Beruhigungsmittel von allen«, sagte der Arzt.

Da saß nun mein Freund am Tage unseres Wiedertreffens, zwei Jahre später, gesund und stark. Seine Frau, die an seiner Seite stand, lächelte und sagte: »Ich habe ihm das jahrelang gesagt, aber er wollte nicht hören und hat sich weiter und weiter gestreßt, bis er schließlich nur noch ein Nervenbündel war.«

»Na gut, jetzt jedenfalls bin ich gesund. Und nun dränge ich die Menschen, selbst das Evangelium praktisch für ihr Leben umzusetzen, um sich von Anspannung und Ärger zu befreien. Ich dränge sie förmlich, diese wertvollste aller Medizinen einzunehmen.«

Und dieser Rat ist notwendig, wenn wir uns einmal die Gegebenheiten unseres »normalen« Alltags näher betrachten! Da ist es schon verständlich, daß Menschen unter Spannung zusammenbrechen. Bei der Herstellung von Autos ist der härteste Test, den Wagen in hohem Tempo über glatte Asphaltstraßen zu fahren. Man sollte meinen, der schwierigste Test sei, den Wagen über unebene Straßen zu fahren. Doch ganz im Gegenteil, hohes Tempo auf glattem Asphalt verursacht eine sehr hohe Vibration, bei der am allerehesten die verborgenen Schwächen aufgedeckt werden. Hochspannung und Ärger bringen auch in uns Menschen diese verborgenen Schwächen am ehesten hervor, die uns dann zusammenbrechen lassen.

Caruso kannte einen Trick, mit dem er seine Begleiter

oft amüsiert hat. Er pflegte zwischen Daumen und Zeigefinger ein zerbrechliches Glas mit einem langen Stiel hochzuhalten. Dann sang er eine aufsteigende Tonleiter und wiederholte eine hohe Note einige Male. Das Glas zerbrach dann in Hunderte von Stücken.

Wenn hohe Vibrationen oder Anspannungen einen Wagen oder ein Glas so angreifen – was denken Sie, können die dann mit unseren komplizierten und sensiblen menschlichen Psychen und Körpern anstellen!

Der Biologe David Think macht in diesem Zusammenhang besonders auf das Zwischenhirn aufmerksam, die zentrale Kontrollstelle, die normalerweise Herz, Magen und Lunge im Gleichgewicht hält. Dieses Nervenzentrum unseres emotionalen Lebens nennt man das Zwischenhirn, manchmal auch Thalamus oder Hypothalamus genannt. Hier sitzen auch unsere Gefühle: Liebe, Haß, Angst, Wut, Eifersucht und alle anderen. »Emotionale Stürme«, die aus dem Zwischenhirn kommen, können Magengeschwüre, Herzflirren und andere Krankheiten verursachen.

Das Zwischenhirn sitzt am »Steuerrad«. Über ihm sitzt das Vorderhirn, der Teil des Nervensystems, der analysiert, denkt und entscheidet. Es erlaubt uns zu wissen, was in der Welt geschieht. Mit dem Vorderhirn lesen wir Zeitung und interpretieren wir Situationen. Wir senden, was wir vorgefunden haben, in unser Zwischenhirn, um Gefühle zu erzeugen. Und das Zwischenhirn gibt Rückmeldung an das Vorderhirn. Wenn wir uns ruhig oder glücklich fühlen, traurig oder niedergeschlagen, können wir davon ausgehen, daß unser Zwischenhirn unserem Vorderhirn mitgeteilt hat, wie es sich fühlt. Um also gesund zu sein, müssen wir erst mit unserem Zwischenhirn in Übereinstimmung sein.

Um ungesunde Aufregung auszuschalten, ist es sinnvoll, sich nicht vollständig in Dinge zu verwickeln. Dabei ist es hilfreich, irritierenden Dingen gegenüber eine möglichst losgelöste Haltung anzunehmen. Üben Sie regelmäßig, Ihren Geist aus der Verwirrung und den vielfachen Irritationen um Sie herauszulösen!

Sie können sich zum Beispiel mentale Bilder von großen Hügeln oder Gebirgsketten formen, das Meer oder ein weites, fruchtbares Tal imaginieren, das sich vor Ihnen ausbreitet. Stellen Sie sich Sterne vor, die ruhig am Himmel funkeln, oder die schmale Sichel des Mondes, hoch am Himmel in einer klaren, stillen Nacht. Lassen Sie solche Bilder auch während Ihres Arbeitstages in sich erstehen und hängen Sie sich diese Bilder an die »Wände Ihres Geistes«, wo Sie gewohnheitsmäßig an sie denken können.

Diese Übung der inneren Distanzierung hilft Ihnen, ruhig, friedlich und kontrolliert inmitten der kleinen Stürme des Lebens zu bleiben.

Ein ruhiger Geist kann nicht erstaunt oder erschreckt werden, sondern er geht, sei es in guten oder in schlechten Zeiten, immer voran, in seinem eigenen Tempo, wie das Ticken einer Uhr während eines Gewittersturmes.

Ich besitze ein kleines, altes Bauernhaus auf dem Land, in dem seit langen Jahren eine alte Standuhr tickt. Eines Tages erlebten wir einen wilden Hurrikan, und die großen Ahornbäume beugten sich unter dem Wind fast bis auf den Boden. Der Regen schlug an die Fensterscheiben. Das ganze Haus krachte und ächzte.

Doch die alte Uhr ignorierte den Sturm völlig. »Tick tack, tick tack«, sang sie ruhig vor sich hin. Wäre die Uhr ein moderner Mensch gewesen, wäre sie furchtbar aufgeregt gewesen und hätte erregt ausgerufen: »Ist das nicht ein schrecklicher Sturm! Was sollen wir nur tun?« Aber die

Uhr maß ruhig Dekaden und Generationen, und nicht nur kleine aufgeregte Minuten.

Eine der sichersten Methoden, Aufregung zu überwinden, ist, sich mit dem regenerierenden Prozeß der Natur in Verbindung zu setzen. Alles wird in der Natur ständig regeneriert. Jeden Frühling sehen wir den Beweis dafür. Bäume, Blumen und Gras stimmen sich auf den Energiefluß ein, der immerwährend auf dieser Erde anwesend ist.

Dieser Prozeß wird in einer der weisesten und bemerkenswertesten Aussagen der Bibel beschrieben. »Wir leben und bewegen uns und haben unser Wesen in Ihm.« Das heißt, wenn Sie in ständigem bewußten Gedanken- und Handlungskontakt mit Gott bleiben, werden Sie lebendig bleiben und Ihr Leben erfüllt leben. Sie können sich täglich daran erinnern: »Ich lebe in Ihm, durch Ihn bekomme ich neue Kraft, durch Ihn erkenne ich die Fülle meines eigenen Wesens.«

Nehmen Sie sich jeden Tag Zeit, um zu affirmieren, daß der regenerierende Prozeß in Ihnen, in Ihrem Körper, in Ihrem Geist stattfindet. Ein neues Gefühl der Lebendigkeit und Vitalität wird durch diese einfache Übung in Ihnen entstehen.

11
Die Kunst, eine glückliche Partnerschaft zu leben

Um eine glückliche Partnerschaft zu führen, müssen wir nur einige einfache Prinzipien des gesunden Menschenverstandes anwenden. Die »Komplikationen«, die angeblich so viele Beziehungen zerstören, sind nicht unvermeidlich. Die sogenannten »Experten« haben Partnerschaftsprobleme oft nur noch mehr verwickelt. Dabei hätten ganz einfache »Rezepte« aus dem täglichen Leben hilfreich sein können. Da ist beispielsweise der Pfarrer, der bei Schwierigkeiten zu Rat gezogen werden kann. Die Funktion dieses Ratgebers ist dabei jedoch keinesfalls, in die Diskussionen zwischen Mann und Frau einzugreifen und mit überlegener Weisheit den Schiedsrichter zu spielen. Auch wenn er dies könnte, und auch wenn er den besten Rat in jeder Angelegenheit geben könnte, so würde dennoch der eigentliche Riß, der diese Diskussionen hervorbringt, bleiben. Wenn eine Beziehung diesen Punkt ernsthafter Auseinandersetzungen erreicht, kann sie womöglich nicht mehr durch logische und überlegene Diskussion gekittet werden. Man muß vielmehr die Grundursache, die aus Mann und Frau feindliche Parteien gemacht hat, positiv behandeln.

Eine gemäßigte Menge von Auseinandersetzungen und gegenseitigem Nörgeln beunruhigt mich nicht besonders, denn es ist ganz natürlich, daß zwischen zwei Menschen, die so nahe zusammenleben, oftmals ein gewisser Konflikt besteht. Nie hat es mich beeindruckt, wenn man mir erzählte, ein Ehepaar habe vierzig Jahre zusammengelebt, ohne sich jemals zu streiten. Ob dies nun wahr ist oder nicht, es muß sich um ein recht ödes Zusammenleben handeln, wenn zwei Menschen miteinander leben und nie verschiedener Meinung sind. Eine gute, gesunde Meinungsverschiedenheit schadet nicht. Nur soll man nicht mit angestautem Ärger, der aus persönlichen Auseinandersetzungen entstanden ist, einschlafen; denn daraus mag sich letztlich eine ernsthafte Entzweiung entwickeln. Kämpfen Sie Ihre Position aus! Aber einigen Sie sich, bevor Sie einschlafen, und verzeihen Sie sich Ihre Schärfen! Am Ende des Tages sollten wir wieder vereint sein, ganz gleich, welche Meinungsverschiedenheit wir während des Tages ausgetragen haben.

Es ist heutzutage Sitte, das Scheitern einer Beziehung der Ehe damit zu erklären, daß die Partner einfach nicht zueinanderpaßten. Und dennoch ist es eine Tatsache, daß sich doch fast alle aneinander hätten anpassen können, wenn sie die Situation in die Hand genommen und einige ganz einfache Fehler korrigiert hätten. So ist zum Beispiel einer der grundlegenden Wünsche in der menschlichen Natur, anerkannt zu werden. Mögen Frauen und Männer diese Tatsache fest in ihrem Kopf verankern und sie nie vergessen! *Jeder Mensch sehnt sich nach Anerkennung.* Gehen Sie davon aus, und Sie werden Ihr Partnerschaftsproblem an der Wurzel erreichen.

Ein Mann, der in seinem Geschäft Erfolg hat, möchte

von seiner Frau darin anerkannt werden. Wenn er den ganzen Tag hart gearbeitet hat und müde nach Hause kommt, so soll die Frau dies auf keinen Fall als selbstverständlich voraussetzen. Sie soll ihm sagen, wie sie ihn als Mann und Individuum schätzt. Es ist so leicht zu sagen: »Ich bin stolz auf dich.« Damit kann sie Wunder bei ihm erreichen.

Wenn das Abendessen gut schmeckt, sollte er dies anerkennen und es auch aussprechen. Wenn es nicht gut ist, kann er etwas anderes finden, das anerkennenswert ist, und darauf hoffen, daß es beim nächsten Mal besser schmeckt. Denken Sie in Form von Anerkennung, statt in Form von Kritik! Wenn Sie kritisieren müssen, dann berufen Sie eine Familienversammlung ein und legen Sie alles, was Sie zu bemängeln haben, auf den Tisch. Aber meckern Sie nicht und verdammen Sie nicht. Gewöhnen Sie sich nicht daran, die Dinge als schlecht anzusehen. Richten Sie Ihre Aufmerksamkeit auf die Dinge, die in Ordnung sind. Erkennen Sie sie an *und* sprechen Sie es aus!

Eine junge Frau, die sich offensichtlich in großer Not befand, kam zu mir in die Beratung. Sie plante ernsthaft, ihren Mann zu verlassen. Aus ihrer Geschichte konnte ich schnell ersehen, daß sie nur ein bißchen ganz normale Anerkennung brauchte. Man kann es auch Zuneigung nennen, aber mir schien es noch einfacher als das.

Ich sprach mit ihrem Mann. Und der sagte: »Ach, sie würde mich eh nie verlassen.«

»Seien Sie da nicht so sicher!«

Er schaute erstarrt. »Aber das könnte sie doch nicht tun! Was soll ich denn ohne sie machen?«

»Haben Sie ihr jemals gesagt, Sie könnten nicht ohne sie leben?« fragte ich.

»Nein, habe ich nicht. Ich spreche nicht gerne darüber, und außerdem müßte sie das sowieso wissen.«

»Sie weiß es vielleicht, aber sie möchte es auch gesagt bekommen.«

»Warum?« fragte er.

»In jedem von uns steckt die tiefe Sehnsucht nach Anerkennung«, beschied ich ihn. »Haben Sie ihr in der letzten Zeit Blumen oder kleine Geschenke mitgebracht?«

»Na, wie würde denn das aussehen, wenn ich Blumen mit nach Hause schleppen würde? Ich würde ja ganz idiotisch aussehen, ich und Blumen!« schnaubte er.

»Dennoch«, beharrte ich, »meine professionelle Verschreibung in dieser Situation ist, ihr einige Blumen zu kaufen und ihr ganz deutlich zu sagen, daß Sie nicht ohne sie leben können.«

Etwas widerwillig stimmte er zu, und, wie es sich später herausstellte, dies war alles, was nötig gewesen war. Es brach das zunehmende Eis, löste das Mißverständnis zwischen ihnen auf und stimulierte die ursprüngliche starke Zuneigung.

Natürlich mag dies furchtbar klingen. Und mir ist auch klar, daß dies in einer ernsthaften Eheauseinandersetzung nicht wirkungsvoll ist, aber im frühen Stadium kann die einfache Anerkennung das schwindende Eheglück retten.

Große Entzweiungen entwickeln sich oftmals aus belanglosen Anfängen. Ein Mangel an Anerkennung, den einer in alltäglichen Dingen spürt, kann sich zu etwas Trennendem entwickeln. Es kann sogar zu einem unüberschreitbaren Hindernis werden.

Eine junge Frau war von weither angereist, um ihre scheiternde Ehe mit mir zu besprechen. Ihr Mann und sie hatten sogar schon einige Zeit nicht mehr zusammen gelebt, aber beide hegten eigentlich den Wunsch, ihre Ehe aufrechtzuerhalten. Und so kamen sie überein, sich in

New York zu treffen und ihr Problem in unserer Beratungsklinik mit uns zu diskutieren.

Das Paar war etwa Mitte Dreißig. Sie stammten aus guten Familien, hatten College-Abschlüsse und waren außerordentlich intelligent. Der Mann hatte anscheinend einige außereheliche Affären gehabt, die er in der Gegenwart seiner Frau deutlich und etwas grausam für sie beschrieb.

Im Gespräch mit ihm allein, bat ich ihn, objektiv zu sein, seine emotionalen Reaktionen so weit wie möglich beiseite zu lassen und mir zu sagen, warum seiner Meinung nach er und seine Frau begonnen hatten, sich auseinanderzuleben. Zu meinem Erstaunen begann er eine energische Klage gegen seine Frau, weil sie eine schlechte, schlampige Hausfrau sei. Sie denke nicht genug an ihn (das heißt, sie erkenne ihn nicht genug an), um sich liebevoll um das Haus zu kümmern. Anscheinend ging sie gerne mit ihren Freundinnen aus, und sie spielten leidenschaftlich gerne zusammen Bridge. Sie trafen sich an irgendeinem geeigneten Ort zum Mittagessen und spielten dann den ganzen Nachmittag lang. Dies geschehe an mehreren Nachmittagen der Woche. Nachmittags rase sie dann nach Hause, um ein improvisiertes Abendessen zusammenzurühren. Oft seien bis zum Abend die Betten nicht gemacht. »Bevor ich verheiratet war«, erklärte er, »war mein Bett besser gemacht als heute.«

Ich erinnerte ihn daran, daß er eine Ehefrau geheiratet und keine Haushälterin angestellt hatte. Er habe einen Vertrag als Mann mit seiner Frau geschlossen und versprochen, daß sie als Partner ihr Leben führen wollten. Er sei ein Vertragsbrecher, der nur seinen eigenen Komfort und seine Annehmlichkeiten im Sinn habe.

Als ich später mit seiner Frau sprach, mußte ich ihm

heimlich ein wenig Abbitte leisten. Ihr Unterrock schaute vor, sie war schlecht frisiert. Eigentlich sah sie nett aus, aber was das Anziehen betraf, gab sie sich wirklich keine Mühe. Ich fragte sie, ob sie gerne ihren Haushalt führe. Ihre Antwort war eindeutig: »Ich hasse es!«

»Das ist freilich nicht die rechte Einstellung«, gab ich ruhig zurück. Und ich forderte sie zu einigen Kompromissen auf: Wäre es nicht genug, sich nur einmal in der Woche mit ihren Freundinnen zum Bridgespielen zu treffen? Sei es nicht praktisch, morgens als erstes die Betten zu machen, die alten Zeitungen wegzuwerfen und die Wohnung zu säubern?

Das Gespräch endete schließlich mit dem gegenseitigen Vorhaben, das einfache Prinzip der Anerkennung anzuwenden und diese offensichtlichen Fehler zu korrigieren.

Ich kann nicht oft genug betonen, daß Ehen auf einem spirituellen Grundstein aufgebaut sein sollten. Eine der weisesten Bemerkungen in dieser Richtung steht in der Bibel geschrieben: »Hat nicht der Herr das Haus gebaut, so steht es auf wankendem Grund.« Diese Bemerkung entstammt dem Buch, welches die genaueste Kenntnis über uns Menschen hat. Sie bestätigt eine ehrwürdige und unwiderrufbare Tatsache, daß man eine erfolgreiche Ehe auf keiner anderen Grundlage als auf den Prinzipien der Liebe, der Schönheit, des Verständnisses, des gegenseitigen Respekts und des Glaubens aufbauen kann.

Wie viele sogenannte Expertenlösungen für Eheschwierigkeiten werden angeboten, unzählige Artikel werden über das Thema Partnerschaftsprobleme geschrieben. Dabei müssen wir die Lösung gar nicht weit suchen. Es gibt ein grundlegendes Prinzip für Eheglück und die Gründung eines dauerhaften Zuhauses. Das ist der gelebte

Glauben innerhalb der Familie. Welcher Religion Sie auch angehören mögen, üben Sie sie zu Hause aus! Es ist erstaunlich, wie viele der Schwierigkeiten des Ehe- und Familienlebens dann verschwinden werden!

Ein paar einfache Ratschläge, die Ihre Beziehung oder Ehe glücklicher machen: Sagen Sie morgens als erstes etwas Freudiges und Konstruktives. Das wird den mentalen und emotionalen Ton des ganzen Tages bestimmen.

- Alle, die in dem Haus wohnen, sollten zwei Minuten früher aufwachen und diese Extraminuten in stillem Gebet verbringen, ebenso »jeder«, der am Tisch sitzt. Dies kontrolliert den normalerweise hektischen Tagesanfang.
- Suchen Sie eines der frühmorgendlichen religiösen Radioprogramme. *Setzen Sie sich still hin* und hören Sie zu.
- Sprechen Sie mittags ein Tischgebet. Sind Sie alleine, meditieren Sie kurz, danken Sie Gott und bitten Sie um Seine Führung.
- Verzichten Sie auch abends nicht auf das Tischgebet. Machen Sie es zur Regel, daß kein Problem, keine Sorgen oder Vorwürfe bei Tisch besprochen werden.
- Verwechseln Sie Ernsthaftigkeit nicht mit Verbissenheit. Ein saurer Ausdruck auf dem Gesicht hat mit Gläubigkeit nichts zu tun. Üben Sie Heiterkeit!
- Lesen Sie jeden Abend kurz in der Bibel, bevor Sie sich schlafen legen. Psychologen behaupten, was man in den letzten fünf Minuten vor dem Einschlafen denkt, habe tiefen Einfluß auf unser Bewußtsein.

12

So besiegen Sie Kummer und Leid

Warum soll ein Buch, das von Erfolg und Glück handelt, ein Kapitel enthalten, in dem es darum geht, wie wir mit Kummer fertig werden? Es gibt eine eindeutige Antwort: Wir kommen um den Kummer nicht herum. Er kann Enthusiasmus und jegliche Initiative zerstören. Woran kann ein Mensch, der Kummer erlebt, sich halten, um den Wert seines Lebens aufrechtzuerhalten?

Ernie Pyle, der berühmte Kriegsjournalist, schrieb eine bewegende Geschichte über seinen Spaziergang an einem normannischen Strand am Tag der großen Invasion. Im Sand lagen die persönlichen Gegenstände amerikanischer Soldaten, die früh an jenem Morgen im Rahmen dieses geschichtsträchtigen Tages gelandet waren. Bewegende kleine Erinnerungen, Schnappschüsse, Bücher, Briefe lagen herum. Neben der Leiche eines jungen Mannes fand er eine Gitarre, neben dem anderen einen Tennisschläger. Ein anrührender Gedanke: junge Männer, die in den Krieg ziehen und dennoch unverbesserliche Touristen bleiben!

Neben dem nächsten Gefallenen entdeckte er, halb im Sand vergraben, eine Bibel. Er hob sie auf, ging etwa eine halbe Meile damit weiter, lief dann zurück und legte sie dahin, wo er sie gefunden hatte. »Ich weiß nicht, warum ich sie aufnahm«, sagte er, »oder warum ich sie wieder hinlegte.«

Vielleicht hatte er sich vorgestellt, er würde sie den Eltern des Jungen zum Trost zurücksenden. Vielleicht legte er sie wieder an die Stelle, an der er sie gefunden hatte, zurück, weil er das Gefühl hatte, daß, wenn dieser Junge im Glauben gestorben war, das Buch immer und ewig neben ihm liegen sollte. Welcher Grund auch immer ihn bewegt haben mag: Dieser Vorfall zeigt deutlich, daß es nur *ein* Buch gibt, das in den ernsthaften Fragen über Leben und Tod die Antworten besitzt, die unseren Verstand zufriedenstellen können. Wir Menschen erlangen durch den Glauben große Siege über unseren Kummer.

Einer meiner Bekannten, den ich als erfolgsorientierten Makler kannte, war nach dem Tod seiner Frau vollkommen gebrochen. Er lud mich in sein Haus und erzählte mir von neuen Empfindungen. Er war ein Mann, der sonst nach außen kaum Gefühle zuließ, ein typischer Geschäftsmann, aktiv und zupackend. Zu Hause jedoch hatte er sich an seine Frau angelehnt, und diese hatte ihn fast bemuttert. Was soziale Kontakte anging, war er schüchtern, und er zog es vor, abends zu Hause zu bleiben. Wie viele Männer dieser Art war er ein Junge geblieben, der nie erwachsen geworden war, aber vor der Welt den starken Mann spielte.

»Ich habe etwas entdeckt, das ich nie zuvor gefühlt habe,«, sagte er ruhig. »Ich kniete vor meinem Bett und sprach mit Gott.« Aus Gewohnheit streckte ich meine Hand nach der meiner Frau aus. Aber sie war nicht da. Und plötzlich spürte ich so stark, wie ich sie vermißte und sie geliebt hatte. Ich wollte sie so unbedingt wiederhaben, daß ich es kaum aushalten konnte. Ich fühlte mich wie damals, als ich ein kleiner Junge war, Angst hatte und zu meiner Mutter lief. Ich legte meinen Kopf auf den Bettrand. Und ich glaube, ich betete zum ersten Mal in meinem Leben wirklich: »Gott, Du weißt, wie sehr ich Dich brauche. Ich lege mein Leben in Deine Hände. Bitte, hilf mir!«

Er schaute mir voll ins Gesicht, und in seinen Augen konnte ich das Wunder lesen. »Wissen Sie was passiert ist? Ich fühlte plötzlich, wie jemand meine Hand berührte, die Hand, die sie immer gehalten hatte. Es war eine starke, freundliche Berührung, als ob eine große Hand nach der meinen greife. Voller Erstaunen schaute ich auf, aber ich konnte natürlich niemanden sehen. Jedoch hatte mich der Schmerz verlassen, und Friede war in meinem Herzen. Ich wußte, Gott war mit mir und würde mich nie verlassen. Und auch *sie* würde immer bei mir sein.«

Dieser Mann hatte eine der Grundwahrheiten entdeckt, die das Christentum lehrt; *Was aussieht wie der Tod, ist gar nicht der Tod.* Jesus Christus sah den Tod mit anderen Augen als wir. Als er neben dem toten Körper eines kleinen Mädchens stand, sagte er: »Weinet nicht, sie ist nicht tot, sondern sie schläft.« Als er zum Hause des Lazarus kam, teilte er seinen Leuten mit: »Unser Freund Lazarus schläft, aber ich komme, um ihn aus seinem Schlaf zu erwecken.« Für Ihn ist der Tod nur eine Art Schlaf. In Seinen Lehren ist der wirkliche Tod etwas viel Finstereres als der physische Tod; denn der Körper ist nur eine zeitweise Behausung für die ewige Seele. Nur der Tod im Geist bedeutet für Ihn den Tod der Seele. Aus Seiner Warte berührt all das, was wir Tod nennen, nicht die Kontinuität des Lebens. Das Neue Testament beschreibt den Umstand unserer geliebten Verstorbenen folgendermaßen: »Sie werden nicht mehr hungern noch dürsten, noch wird die Sonne oder die Hitze sie belästigen, denn das Lamm, das auf dem

Thron sitzt, wird sie nähren und sie an die lebendige Quelle des Wassers führen, und Gott wird all die Tränen aus ihren Augen wischen.«

Dies ist einer der trostreichsten Sätze, die jemals geschrieben worden sind. Sie werden keinen Hunger mehr haben. Auch werden sie nicht mehr dürsten. Vielleicht ist Durst eine bessere Beschreibung als Hunger, denn die Qual des Durstes ist größer. Es ist damit gemeint, daß ihre tiefsten Wünsche und Sehnsüchte vollständig befriedigt werden.

Als meine Mutter starb und ich über unser gemeinsames Leben nachdachte, erinnerte ich mich an einen wunderschönen Sonntag nachmittag, als wir zusammen die berühmten Brunnen von Versailles besucht hatten. Wie Millionen von Diamanten im Sonnenlicht sprudelten die Springbrunnen zu ihrem Entzücken. Sie war eine große Reisende und hatte viele Länder besucht. Eines regnerischen Abends geriet sie in Verzückung, als sie das Fährboot betrachtete, das zwischen Manhattan und Hobuken verkehrte. Sie sprach über den Charme dieses Anblicks, über das Mysterium des Flusses, der Nacht und des Regens und die Fähre, deren Lichter man im Nebel erblickte.

Als sie gestorben war, tröstete es mich zu denken, Gott habe sie an der Hand genommen, und sie höre Ihn sagen: »Komm zu mir. Ich zeige dir noch schönere Springbrunnen als die von Versailles.« Ich bin sicher, sie folgte Ihm begeistert. Es ist mir, als könnte ich die tanzenden Fontänen in ihren Augen gespiegelt sehen. Es wäre nicht richtig, sie aus dem Land des ergötzlichen Zaubers zurückholen zu wollen. Ich stelle mir vor, wie sie im Geist Orte von besonderer Schönheit besucht und sich daran freut – so wie sie es immer getan hat.

Ich habe es immer als tragisch empfunden, daß so viele Menschen von Todesangst verfolgt durch ihr Leben gehen – um dann festzustellen, daß der Tod genauso natürlich ist wie das Leben selbst. Denn nur sehr wenige Menschen haben Angst vor dem Tod, wenn das Ende naht. Etwas Seltsames geschieht mit den Menschen, wenn sie an das Ende ihres Weges gelangen. Alle Angst, alle Panik verschwinden. Oft habe ich eine heitere Verwunderung in ihren Augen gesehen. All dies ist Teil der Güte der Natur und, wie ich glaube, der unendlichen Güte Gottes.

Klammern Sie sich in Ihren Gedanken nicht an Ihre Liebsten! Lassen Sie sie los, geben Sie sie frei. Sie gehen Ihnen nicht verloren. Sie hindern sie nur mit Ihrer dunklen und trüben Trauer. Sie haben das Glück und die Freude, die sie jetzt erfahren, verdient. Verderben Sie ihnen diese nicht!

Vielleicht ist der Zweifel über das »Leben nach Tod«, der in uns nagt, ganz natürlich. Wohin gehen die geliebten Menschen, wenn sie dieses Leben verlassen haben? Es gibt keine genauen Informationen darüber. Aber es gibt genug Grund, davon auszugehen, daß ihr Schicksal in den gütigen Händen Gottes ruht.

Auch dafür hat die Bibel eine zuverlässige Antwort: »Gesegnet sind die Toten, die im Glauben sterben.«

Es fällt uns schwer, Glück mit dem Tod in Verbindung zu bringen. Der Tod ist für uns die schlimmste aller Tragödien. Aber kann irgend etwas, das zu Gottes Plan gehört, eine Tragödie sein? Tennyson sagte: »Der Tod ist die schöne Seite des Lebens.« Wir können nicht glauben, daß Gott, wenn er den Menschen aus einer Form des Lebens in eine andere ruft, eine Tragödie daraus machen würde.

Es gibt einen tiefen Zusammenhang zwischen unserem »Gehen« – dem Tod – und unserem »Kommen« – unserer Geburt: Der Geburtsprozeß enthält einige Andeutungen über den Schutz, den wir auch am Ende unseres Erdenlebens erfahren werden. Ein Säugling, im pränatalen Zustand unter dem Herzen seiner Mutter geborgen, wird von Wärme und Schutz umgeben. Könnte er sprechen, würde er vielleicht sagen: »Ich möchte nicht geboren werden. Ich möchte nicht von dieser Welt in eine andere gehen. Ich bin hier zufrieden. Ich habe Angst vor der Geburt.«

Aus seiner pränatalen Sicht mag die Geburt für ihn sein wie für uns der Tod, das Ende einer bestimmten Erfahrung und der Beginn einer anderen unbestimmten. Und dann wird er geboren. In den liebenden Armen der Mutter wird er beschützt, gefüttert, geliebt, gewollt.

Wenn nach vielen Jahren ein Mensch kurz vor dem Tode steht, muß er davor Angst haben? Ist es nicht eher eine neue »Geburt«? Muß er sich wirklich Sorgen machen, wenn er von einer Welt in die nächste übergeht? Wenn unsere erste Erfahrung auf dieser Erde Liebe und Schutz waren, können wir dann nicht davon ausgehen, daß das gleiche auch im nächsten Leben passieren wird? Können wir nicht demselben Gott vertrauen, daß Er sich im Tode unser annimmt, ebenso wie bei unserer Geburt? Der Tod sollte für uns ein natürlicher Teil unserer irdischen und spirituellen Erfahrung sein. Gott ist bei uns. Wir sind in Ihm.

13
Verändern Sie Ihre Gedanken – und Sie können *alles* verändern!

Wenn Sie Ihre Gedanken verändern, wird sich *alles* verändern. Ihr Leben wird durch die Art der Gedanken, die Sie gewohnheitsmäßig denken, bestimmt.

Bleiben Ihre Gedanken jedoch gleich, so werden Sie Ihr altes Lebensmuster ewig weiterleben.

Unsere Welt wird nicht in erster Linie durch die Umstände um uns herum erschaffen. *Was* wir denken, bestimmt exakt die Welt, in der wir leben. Dies haben die weisesten Menschen auf diesem Planeten schon gewußt. Beispielsweise der römische Kaiser Mark Aurel, der niederschrieb: »Dein Leben ist, was deine Gedanken daraus machen.« Und das weiseste aller Bücher erklärt: »Wie ein Mann in seinem Herzen denkt, so ist er.«

Was Sie denken, was Sie über eine lange Zeit gedacht haben, was Sie in Zukunft denken werden, wird exakt bestimmen, was Sie sind und in welcher Welt Sie leben. Was Sie denken bestimmt, was Sie werden. Ändern Sie Ihre Gedanken auf richtige Weise, und es wird sich alles in Frieden und Freude positiv verändern.

»Seid durch die Erneuerung eures Geistes erneuert.« Nie wurde etwas Weiseres gesagt. Sie können sich selbst verändern, ebenso die Welt, in der Sie leben, die Umstände im Privat- oder Geschäftsbereich, ja, Ihr ganzes Leben, indem Sie Ihre Gedanken auf spirituelle Weise erneuern.

Konditionieren Sie Ihren Geist zu spiritueller Veränderung, indem Sie auf spirituelle Weise denken! Lesen Sie regelmäßig in der Bibel. Füttern Sie Ihren Geist auf diese Weise ständig mit Material, das ihm hilft, neue Haltungen einzunehmen. Lernen Sie spirituelle Menschen kennen und erfahren Sie den allmählichen mentalen Wandel, der aus tiefen Gesprächen resultiert. Gewöhnen Sie Ihren Geist ans Beten. Bleiben Sie dabei, bis Sie feststellen, daß Sie diese Denkdisziplin genießen. In diesem Prozeß verändern Sie Ihre Gedankenmuster und machen es der spirituellen Erfahrung möglich, alles für Sie zu verändern. Die große Veränderung findet vielleicht dann statt, wenn Sie sie am wenigsten erwarten!

Und noch etwas sehr Wichtiges: Vergessen Sie die Freude in Ihrem Leben nicht! Lernen Sie, glücklich zu denken! Wenn, wie weise Menschen behaupten, unser Leben aus unseren Gedanken entsteht, dann folgt daraus natürlich auch, daß eine freudige Existenz aus freudigen Gedanken entspringt.

Es ist allerdings wenig wahrscheinlich, daß zielloses Denken oder ein bereits gelegentlicher freudiger Gedanke diesen Effekt haben wird. Wir müssen oft erst wieder lernen, freudiges Denken als etwas völlig Normales anzusehen! Zwingen Sie sich täglich dazu, freudige Gedanken zu hegen, statt sich den ewig düsteren, deprimierenden Gedanken hinzugeben.

Wir Menschen erschaffen viel Unglück durch unsere eigenen Gedanken. Es ist leicht, negatives Denken zu entwickeln und sich daran zu gewöhnen. Anstatt die Psychologie der Freude zu praktizieren, üben solche »Negativdenker« die Psychologie des Pessimismus aus. Ihr Geist füllt sich mit Schatten an, und schon wird das ganze Leben dunkel. Vergessen Sie nie: Es besteht eine eindeutige Tendenz der menschlichen Natur, das zu werden, was man normalerweise denkt und tut. Entschließen Sie sich deshalb dazu, in Ihrem Denken eine freudige Persönlichkeit zu sein. Natürlich werden Sie das üben müssen. Es wird anfänglich schwierig sein, die alten mentalen Gewohnheiten zu überwinden. Doch wenn Sie hartnäckig bleiben, sind Sie der Sieger!

Aus psychologischer Sicht wissen wir, daß Freude den Geist befreit. Sie trägt dazu bei, daß wir uns in unserem Körper besser fühlen. Sie hilft, unsere Muskeln zu entspannen, und setzt Energie frei. Kurz gesagt: Sie kann uns effizient machen und unsere Persönlichkeit, unseren Körper, unseren Geist koordinieren. Freude hilft uns, wirkungsvoll zu agieren – und glücklich zu leben.

Indem Sie Ihre Gedanken verändern, können Sie auch Situationen verändern. Und dies ist die Voraussetzung für Erfolg und Glück. Sie können eine nahezu unglaubliche Kraft erlangen, die Ihnen in Krisen helfen wird. Treten Sie mit Ihrer Spiritualität in engen Kontakt – und Sie werden wahre Wunder vollbringen. Die Sonne kann leise und ohne Geräusch zustande bringen, was die ganze Maschinerie auf diesem Planeten nicht erreichen könnte. Stilles spirituelles Denken stellt den Kontakt mit unserer spirituellen Energie her und schenkt uns nahezu übermenschliche Kräfte.

Glück und Erfolg hängen von unserer Fähigkeit ab, unseren Geist so frei zu machen, daß er für uns arbeitet. Alles, was den Fluß der geistigen Kraft durch den Geist hindert, besiegt uns. Charles Dickens sprach ein weises Wort aus, als er sagte: »Wir tragen die Ketten, die wir selber im Leben schmieden.« Wir hindern uns daran, unseren Herzenswunsch zu erfüllen, indem wir unseren Geist auf grausamste Weise behindern.

Das beste Mittel dagegen ist Konversion: der Einfluß der spirituellen Kraft zu uns, die uns mit Gott verbindet.

Denken Sie immer daran: In einem befreiten Geist können sich all Ihre Gedanken verändern – somit haben Sie die Kraft und die Liebe, *alles* zu verändern.

AUSSERKÖRPERLICHE DIMENSIONEN

Moritz Boerner
Weisheit aus dem
Unbewußten 11824

Robert Masters und
Jean Housten
Phantasie Reisen 11843

Moritz Boerner
Das Tao der Trance
12050

Robert A. Monroe
Der zweite Körper
12059

Laeh Maggie Garfield
Jack Grant, Geisthelfer
11811

GOLDMANN

HEILEN MIT KOSMISCHEN KRÄFTEN

Wabun Wind/Anderson Reed, Die Macht der heiligen Steine 12063
(Paperback)

Max Toth
Das Geheimnis der Pyramid Power 11834

Edgardo L. Bieri
Spirituelle Medizin
11837

Barbara Ann Brennan
Licht-Arbeit
12054 (Paperback)

Lea Sanders
Die Farben Deiner Aura
11844

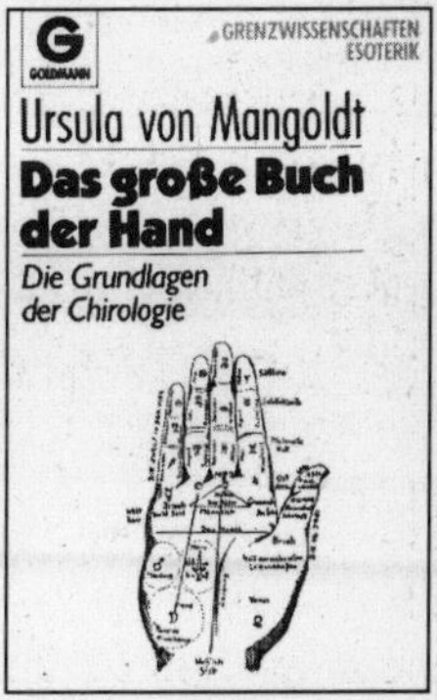

Ursula von Mangoldt
Das große Buch der Hand
11704

GOLDMANN

GOLDMANN TASCHENBÜCHER

Fordern Sie das kostenlose Gesamtverzeichnis an!

Literatur · **U**nterhaltung · **B**estseller · **L**yrik
Frauen heute · **T**hriller · **B**iographien
Bücher zu Film und Fernsehen · **K**riminalromane
Science-Fiction · **F**antasy · **A**benteuer · **S**piele-Bücher
Lesespaß zum Jubelpreis · **S**chock · **C**artoon · **H**eiteres
Klassiker mit Erläuterungen · **W**erkausgaben

****

Sachbücher zu Politik, Gesellschaft,
Zeitgeschichte und Geschichte; zu Wissenschaft,
Natur und Psychologie
Ein Siedler Buch bei Goldmann

****

Esoterik · **M**agisch reisen

****

Ratgeber zu Psychologie, Lebenshilfe,
Sexualität und Partnerschaft;
zu Ernährung und für die gesunde Küche
Rechtsratgeber für Beruf und Ausbildung

Goldmann Verlag · Neumarkter Str. 18 · 8000 München 80

Bitte senden Sie mir das neue Gesamtverzeichnis.

Name: ______________________________

Straße: ______________________________

PLZ/Ort: ______________________________